Subtle Wisdom
*Understanding Suffering,
Cultivating Compassion Through
Chan Buddhism*

禪門
第一課

著 聖嚴法師

譯 薛慧儀

一切有為法，
如夢幻泡影，
如露亦如電，
應作如是觀。
《金剛般若波羅蜜經》

一切有為法，
如星翳燈幻，
露泡夢電雲，
應作如是觀。
《佛說能斷金剛般若波羅蜜多經》

《金剛經》的漢譯版本眾多，第一首偈出自一般漢地廣為流通，南北朝鳩摩羅什所譯的版本，第二首偈出自唐朝義淨所譯之版本，後者所使用九種譬喻（星、翳、燈、幻、露、泡、夢、電、雲）與原文書的英譯經文較符，且出現在眾多其他漢譯版本中。特收錄兩種版本，供讀者參考。

目次

導言 007

第一章	**小時候的疑惑** 017
第二章	**佛與禪** 025
第三章	**苦** 053
第四章	**修行** 065
第五章	**禪修的方法與層次** 083
第六章	**開悟** 115
第七章	**慈悲** 127

名詞解釋 145

導言

　　我想先藉由這個機會，為第一次接觸禪，或是對禪所知不多，甚至抱持著錯誤觀念的讀者們，描述一下禪的背景與發展淵源。

　　禪與佛教是一體的。自有佛教以來，大師們便將自身智慧「傳承」給已有足夠經驗且了解佛法的弟子們。佛法即是佛的教誨，藉由這種傳承形式的認可，衍生出不同的傳承，日後便成為佛教中的各部派，但這並不表示每一個部派僅代表佛法中的一部分而已。事實上，禪宗所傳承下來的，是整體的佛法。

　　佛法如海，不管是印度洋、大西洋，或者是太平洋，裡面的海水嘗起來都是鹹的。同樣地，在主流佛教中的所有派別裡，佛法的內涵都是一樣的，那就是釋迦牟尼的所有教誨。

佛教的創始者釋迦牟尼又是誰呢？釋迦牟尼並不是一個神話人物；他生於兩千六百多年前，是位於現今尼泊爾的釋迦族的小國王子。

　　不可避免地，身為王子的釋迦牟尼也面臨了人生必然的老、病與死亡，於是他問自己：為何身為人類就會有這些與生俱來的苦難？他認真地思考這個問題，卻無法得到答案，於是他離開自己的家人，成為印度傳統的靈修者。了解印度歷史與宗教的人都知道，在印度這塊土地上，靈修擁有悠久豐富的歷史，也受到一般大眾的支持。釋迦牟尼希望能開悟，並且經由他的開悟，來解決為何會有生、老、病、死的問題。

　　接下來的六年期間，釋迦牟尼主要用兩種方法修行：第一種是入定，也就是打坐冥思的修行；第二種是苦行。但這兩種方法都沒有解決他對人類基本苦難的疑問。即使他在心靈上能夠達到玄妙的境界，但他仍未開悟。

　　六年後，他放棄了入定與苦行的修行。他尤其覺得並不能由苦行中得到智慧，於是後來便提倡「中道」。[1] 釋迦牟尼繼續打坐冥思，有一天當他自

1　「中道」避免所有的極端，因此最終能從苦難中解脫。這表示一方面要避免耽溺在感官愉悅裡，另一方面也要避免極端的苦行。

然而然地出定時，心情既輕鬆又愉快，他抬起頭看著天空，見到了晨星，他的觀點完全改變了。他了解到心在本質上原本就是無限的，事物亦是如此，所以不需要為此而起煩惱。[2]在那一刻，他完全開悟了。

佛法說，世間萬物本就如是，不需為此起煩惱，眾生無始以來都不知道這一點，也就是說，他們的心性[3]昏闇未明。由於眾生沒有察覺這一點，因此他們很珍惜自己，同時非常關心自身所經歷的事物，特別是他們的好惡與得失。但即使所願得遂，人們依然會受苦，因為害怕會失去所得到的東西。我們往往對對象、經驗以及感情產生強烈的執著；這樣的執著，在自身與環境，以及自身與所有現象之間造成了隔閡，把自己隔離成為一個獨立的「我」。因為有了這種幻想的隔閡以及對個人的「我」的執著，我們才會經歷生、老、病、死的輪迴，並在這個過程中受苦。

以佛法的觀點來說，個人對「我」的體驗與執著，甚至對自我與環境間不可分離性的了解與體

2　煩惱（梵文 kleśa）指的是因執著而生的態度、觀念、情緒狀態以及其他狀況，也因此導致苦難或不協調。
3　「心性」指的是心的本質，因此也可指為佛性。

驗，都是無常的。我們所體驗到的自我與環境間的關係，都只是暫時的，而且不斷在改變，如果執著於這樣的現象，我們就會受苦。唯有放下所有執著，並且生起智慧——也就是了解無常——我們的心才能重新得到光明，並且開悟。

釋迦牟尼所領悟的，也就是他最早的教誨，可用佛教的「四聖諦」來簡要說明：苦，集，滅，道。

「苦」是因為不知一切事物的本質皆為無常而起。我們因此產生幻覺，將自身投射在其他現象中，並執著於這些現象，所以產生了苦。

因為我們誤解了現象的本質，我們發現自己不斷在掙扎，拒絕自己所厭惡的，追逐自己所想要的。這種拒絕與追逐就是「集」。

佛陀教導我們如何「滅苦」。他要我們了解，苦是可以克服的；而且即使是苦難，它也是無常的。如果我們能努力修行，親身了解到萬物稍縱即逝的本性，苦就能被消滅。要滅苦的方法就是修道，修「八正道」，也就是八種特殊的修行方法。[4] 釋迦牟尼自己領悟到了滅苦的方法，並希望

4　八正道為：正見、正思惟、正語、正業、正命、正精進、正念、正定。

其他人也能知道。

佛陀所領悟、教導的四聖諦，與佛教禪宗又有什麼關係呢？雖然禪宗並沒有明確討論並解釋四聖諦，但仍秉持、遵行其精神。

在禪宗裡，我們講無心、無相、無住以及無念。在西方，這「四無」更常被稱為「無我」，也就是自我的消融。當人放下對「我」的執著，以及認為自我與現象皆恆常不變的幻覺之後，便能達到這四「無」的境界。當你能了解並領悟無常的運行，以及無我的事實，就能了解無心、無相、無住以及無念，還有四聖諦。

在禪修中，我們試著將四聖諦融入日常生活中的每一面，靈活運用，使修行與生活合為一體。如此一來，便能克服一般人常見的想法：將修行視為一種特殊行為，和一般生活狀況與挑戰都無關。

佛教從印度傳入中國之後，禪宗又是如何在中國發展的呢？依據禪宗的傳統說法，釋迦牟尼將佛法傳給了摩訶迦葉（大迦葉），即禪宗的第一代「祖師」（也就是佛陀認同了摩訶迦葉的開悟），摩訶迦葉將法傳給阿難尊者，這樣在印度一代傳一代，直至第二十六代祖師。這些覺醒開悟的大師們一脈相傳，每一位都由前代祖師所認可。印度第二十八代祖師是菩提達摩（約生於西元382年，卒於

西元535年），他來到了中國，成為中國禪宗的第一代祖師，開始了中國禪宗的發展。

菩提達摩到底帶了什麼東西到中國呢？他所帶來想要和中國人分享的，就是無所不在與放諸天下皆準的佛法智慧。因為無始無明，眾生無法領悟佛法，於是佛法也指出許多途徑，讓人們充分了解佛法是無處不在的。到了禪宗第六代祖師惠能（西元638～713年），印度禪宗的概念與原則被中國思想與文化所改變、同化，完全中國化的禪宗逐漸發展起來，於是禪法開始被廣泛接納與弘揚。

釋迦牟尼本身相當聰明而且有教養，但是他的弟子卻來自社會各階層，聰敏程度也各不相同。有絕頂聰明的弟子，也有較平庸的弟子；有學識豐富的弟子，也有無知愚昧的弟子。但是他們全都有能力覺醒，都能通往開悟之路，這是因為對佛法的領悟，並不是一種智慧或哲學上的追求。佛法非常強調個人的實踐，將佛法納入日常生活的修行中，只有這樣，佛法才能將我們從令人困擾的感情煩惱與苦難束縛中解脫，並使我們開悟。惠能大師本身是一位樵夫，並未受過教育，然而他開悟後，他的教導與行為都自然而然與佛法完全吻合，所以我們應該要記住，佛法不是只為睿智的人而存在的，而是為所有人而存在。只要對佛法有興趣並且努力實

踐，任何人都能開悟。

　　禪還有一個特點，就是雖然我們強調打坐，但並不認為打坐就能開悟。在惠能的一生以及有關其教導的記載中，並沒有提到他致力於打坐的隻字片語，同樣地，在他接下來的傳人中，也沒有這種記載。

　　有一個故事說明了以為打坐就能開悟是多麼愚癡的想法。有一位大師問一位正在打坐的比丘在做什麼？比丘說他在努力成佛。大師說，這就像打磨一塊磚頭，希望它能變成鏡子一樣，但是打磨一塊磚頭並不能使它變成鏡子；同樣地，打坐也不會讓你成佛。[5]

　　這與釋迦牟尼的例子不謀而合。釋迦牟尼在成佛前就放棄了苦行與單純的打坐冥想修行，禪宗在這方面追隨了釋迦牟尼的精神。

　　現在回到禪宗的歷史：禪宗在中國第七代祖師時分裂為兩個宗派，之後這兩個宗派又分裂成五個，然後再分成七個。其中只有兩個延續到現在，也就是臨濟宗與曹洞宗。現在的臨濟宗並不是真的直接從臨濟大師那兒傳承下來的，而是傳承自臨濟

---

[5] 唐朝的南嶽懷讓禪師，以「磨磚作鏡」為喻指點馬祖道一，表示枯坐的禪定無法導致開悟。

大師之後的另一門旁系。我自己則同時承繼了這兩宗法脈——臨濟宗與曹洞宗。

中國禪師接著又將禪傳入日本與韓國。臨濟與曹洞這兩宗也傳入了日本,成為日本臨濟宗(Rinzai)與曹洞宗(Soto)兩派。自此之後,禪在日本歷經了許多轉化與改變。臨濟宗之下大約又發展出三十個派別,這是因為不同的中國禪師在不同的時間將禪法傳入日本,不過這些傳入日本的宗派在當地又再度分出更多的派別。日本曹洞禪法的源頭來自中國的曹洞宗大師——中國天童山的宏智正覺禪師。我雖然承襲曹洞宗的法脈,卻與宏智禪師的宗別是不一樣的。

儘管日本禪經歷許多改變,但它仍然是中國禪的一部分,一如禪乃是佛法的一部分。印度佛教是禪的根,而中國禪則是日本禪的根。

韓國禪最有名的派別是曹溪宗(Chogye〔編案:Chogye為早期譯名,目前曹溪宗官網譯名為Jogye〕),在北宋期間(西元960～1127年)傳入韓國。這個派別是以中國曹溪這個地方命名,紀念六祖惠能曾經在當地傳法,曹溪是臨濟宗的一部分。在北宋之前,韓國有九位禪師在教禪法,最後流傳下來的,是之後變成曹溪禪的這一支。又過了很久之後,禪才在明朝時候傳入了越南。

這本書希望能介紹流傳至今的禪宗內容，以幫助我們從苦難中解脫，並生起智慧與慈悲。佛法能幫助我們在日常生活中利用各種機會，轉變我們的視野、行為以及心，這樣我們便能免於痛苦，過著和諧的生活，最後，達到開悟的境界。

　　要從痛苦以及對生活的不滿裡解脫，需要智慧，同時我們也需要智慧才能夠了解別人所受的苦難。已經得到智慧的人，會將他們的一生奉獻出來，為他人謀福利，並且製造各種方法與機會，讓其他人也能從苦難、煩惱以及痛苦中解脫。反過來說，即使一個人缺乏佛法的真正智慧，但如果他能對他人的苦難感同身受，並以慈悲的行為替他人謀福利，那麼他自己的苦難與煩惱自然而然就會消失，智慧也會增長。智慧與慈悲是密不可分的。

第一章

小時候的疑惑

　　我想先談一下小時候發生的三件事情,它們在我的學佛之路上影響很大。每一件事都讓我對生命的本質產生了疑惑。

　　我小時候身體很孱弱,所以在成長和學習方面都比一般人遲緩,直到七歲才學會說話,九歲才開始讀書識字。我總是安安靜靜,而且也不是很聰明。

　　即使我的家庭貧困,父母仍舊經常幫助需要幫助的人,而他們就是民間一般未受過教育的佛教徒。他們也教我們要接受現實,父親曾對我說:「大鴨游出大路,小鴨游出小路,每個人都有自己的路可以走。」在十歲之前,除了父親說過的這段話,我從未想過任何關於「大」的問題,直到下面那件事的發生,才讓我第一次思考到:生命的本質

到底是什麼？

　　在中國鄉下，灌滿水的稻田中有許多水蛇，牠們是無害的，因為牠們不咬人，也沒有毒。儘管蛇會長到很長，但大家都不怕牠們，小孩子也一樣。有一天我看見一條一尺長的水蛇在追著一隻約有半個手掌大的青蛙。蛇快要追到青蛙的時候，青蛙轉過頭來面對蛇。蛇停了下來，對著青蛙吐出蛇信。奇怪的是，這青蛙居然自己往蛇嘴邊爬過去，像是要把自己獻給蛇吃一樣。那蛇一下子就咬住了青蛙的頭，然後慢慢把整隻青蛙吞進去。我第一個衝動就是想去救那隻青蛙，於是撿起一根棍子想要打蛇，但是我又想：「蛇也要吃東西啊，就像其他的動物一樣，把青蛙從蛇口裡救出來，就像有人把我嘴裡的晚餐搶走一樣。」而且為了要救這隻青蛙，一定會傷害這隻蛇，所以我似乎不該插手。即使在那一瞬間清楚知道眼前的現象為何會發生，還是對整件事情感到不舒服。

　　蛇把青蛙吞進嘴裡滑進喉嚨，然後進入身體裡，我還能看到青蛙在蛇皮下完整的身形，那景象十分難忘。我很納悶，想著：「那隻青蛙最後會怎樣呢？青蛙和蛇會融合成一個生命體嗎？如果我是那隻青蛙，那我現在會在哪裡？」

　　同樣讓我困惑的是，這隻青蛙一開始的確很怕

那條蛇。牠試圖想逃跑,很明顯地不想讓自己被吃掉。那為什麼牠最後會爬向蛇的嘴邊,讓自己被吃掉呢?我實在想不透,只感到深深地疑惑。

同年的夏天,我又有了第二個重要的體驗,那真是精彩的一年啊!我和哥哥在稻田間,正要跨越一座獨木橋,這種橋在中國鄉下很常見。橋下是一條小溪,裡頭有兩頭鄰居的水牛,在田裡工作了一天之後,到溪水裡休息。如果水牛站起來,牠們的頭就會高過獨木橋,但如果牠們趴在溪裡,身子就會被橋遮住。我跨過橋的時候沒看到牠們,回來的時候才看到。水牛體型很大,看起來滿嚇人的,但鄉下人都已經很習慣牠們的存在,因為牠們就是家畜,所以我一開始也沒什麼好怕的,就準備過橋。

水牛看著我,後退了一些,但接下來牠們變得非常不安,而且開始到處吐口水。我完全不曉得牠們為什麼會變成這樣?那是攻擊的跡象嗎?或是牠們在歡迎我?我怕極了,不知道該怎麼辦,就呆站在橋中央。結果我因為太害怕,從橋上掉了下來,剛好就掉在一頭水牛的頭上!那水牛呢,也許和我一樣都嚇壞了,就潛到水裡去了。還好,我哥哥也在場,便把我從溪裡拉了上來。

等我恢復鎮定之後,腦海裡浮現兩個念頭。第一,我發現自己對水牛的恐懼,不但沒有幫助我遠

離牠們，反而導致我與牠們更近距離的接觸。如果不是因為我的恐懼，我也不會從獨木橋上掉下去。這和發生在青蛙身上的事情似乎很像，青蛙為了保命所以逃離蛇的追捕。

日常生活中，我們也經常發現，儘管我們試著想逃離所害怕的事物，但最後反而離它更近，因此你必須去克服你所害怕的事物。我從這個體驗中所了解到的，可以說是一種領悟或是覺醒。

第二，我也納悶，要是我真的因為這次意外死了，又會發生什麼事呢？就像我看到青蛙被蛇吞掉時所想的一樣，但我一點都想不透，如果我淹死了，我會到哪裡呢？我不斷思考這個問題，卻無法得到任何答案。這件意外之後，關於我死後會發生什麼事情的問題，一直困擾了我好久。

我有好長一段時間變得很怕水牛，這大概可以叫作水牛恐懼症吧！很久之後，我才明白我會怕水牛的真正原因，是因為我怕死。我怕死，是因為我不知道死後會發生什麼事。當我終於領悟到死其實並不真的是一個問題時，我也就克服了對水牛的恐懼了。

第三件影響我深遠的事情，發生在十三歲那年出家之後。我在中國江蘇省狼山的廣教寺出家，寺裡只有不到五十位和尚。有一天我要參與一項由三

位法師主持的重要典禮，其中有一個灑淨儀式，需要用到楊柳枝。於是我的師祖對我說：「小沙彌，去拿三根完全一模一樣的楊柳枝回來，每一根上頭還要有三片葉子。」

這看起來似乎是很輕鬆的工作，於是我到河邊低垂的楊柳樹群那裡折回三根柳枝。當我拿給師祖看的時候，他說：「這三根沒有完全一模一樣。」「但是它們都是楊柳啊！」我的回答也許顯得有些魯莽。

師祖說：「我要的是三根完全一模一樣的柳枝。」於是我又回到河邊，為了要省麻煩，我乾脆帶回一根非常大的柳樹枝幹，心想這下師祖可以直接從上頭折下他想要的枝條。

可是師祖又念了我一頓，於是我又只好第三次回到河邊。找了很久之後，終於找到了三根我認為看起來非常像的柳枝。我把它們帶回寺裡，師祖仔細地看過它們，又說：「它們並沒有完全一樣。」

「但是它們是一樣的啊！」我很沮喪地回答。

師祖指著那些枝條說：「看，這片葉子的形狀很厚實，但另外一枝同樣位置的葉片就太瘦了。而且這些枝條的形狀看起來也不完全一樣，再去找！」

當時我好生氣，我想告訴師祖，為什麼他不

自己去找呢？但我當然不敢這麼說。於是我回到河邊，在那裡又花了好長一段時間，尋找他要的柳枝。為了要取得伸出到河面上，看起來形狀似乎一樣的柳枝，我還差點掉進河裡。可是呢，當我把它們拿近一看，每一根又都不一樣。

最後我放棄了，我決定乖乖接受懲罰，於是空著手回去。師祖似乎並不以為意，只是對我說：「世上沒有兩樣東西是真的一模一樣的，同中有異，異中有同。好好保管你之前拿回來的柳枝，我們明天會用到。」雖然我還有點困惑，不過卻覺得鬆了一口氣，這件苦差事終於結束了！

典禮在第二天中午舉行，法師們會用到柳枝。當我去拿柳枝的時候才發現，它們都枯掉了。我應該把它們放在水裡的，但我卻沒有想到要這樣做。柳枝枯了，不能在典禮裡使用了。我很確定師祖這下會賞我一頓好打，但是他卻沒有，他只是問我：「你怎麼會笨成這樣呢？」後來又說：「世上一切皆是無常，我想我們只得用這些乾掉的柳枝了。」

這讓我明白了兩件事情：首先，我了解到世界上沒有兩樣東西是完全一模一樣的。從遠處看，它們也許看起來一樣，但靠近一點觀察，一定會發現它們是不一樣的。師祖先要我去找一模一樣的柳枝，然後又說一模一樣的柳枝是找不到的。我不知

道他是不是有意教我一課佛法,但這件事的確給了我很大的啟發。

第二個影響我很深的,就是師祖最後的評語。他說世上沒有東西是恆久不變的,萬物都是無常。這不是說柳枝第二天才變了,而是當我把它們從樹上折下來的當下,它們就一直在改變,它們一直都是無常的。

從柳枝得到的經驗,讓我知道這兩件事,也深深影響我,並且伴隨著我的一生,給了我洞察世事的能力。至今我都不認為其他人應該和我一樣,或是想法要像我。我不期待任何兩個個體會一樣,或是任何兩件事物一模一樣。那是不可能的,所以又何必去期待或渴望呢?

我年輕的經歷、我說的三個故事,以及我心裡因此而生起的疑惑,都和禪修有關。我告訴你們這些事,是因為這不但是很好的禪修入門,同時也對我一開始的修行很有幫助。但這和禪修到底關聯在哪裡呢?我不會告訴你們,這要你們自己去發掘。以禪而言,你一定要自己不斷去發掘。

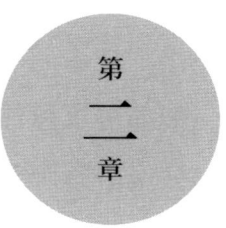

第二章

佛與禪

誰是佛陀?

釋迦牟尼在西元前六世紀,出生在現今名為尼泊爾的小王國。雖然他確切的出生日期不詳,東亞人一般都在陰曆四月八日慶祝佛誕。在中國,我們會在生日那天以感恩的心情懷念母親,同樣地,我們也應該要在佛誕日這一天感念佛恩,因為他給我們進入佛法世界的機會,領悟他的教誨。我們在一年之中選這一天來表達謝意,感謝這樣一位人物來到世上。然而像佛陀這樣完全開悟的人物,會需要慶典儀式來紀念他嗎?當然不用!我們是為了自己,才去紀念佛陀的生日。

當別人問我什麼時候出生?還有我是否慶祝生日這些問題的時候,我會告訴他們,每一天、每一

刻都可以算作是我的生日。只要是快樂的場合，總是值得當做生日來慶祝的，因為在這些快樂的時光中，我們的確可以說是重生了。如果我們學會去感激生活中簡單的快樂，那麼每一刻都可以是慶祝生日的時刻。我們會覺得自己一次又一次地出生，時時保持著清新又快樂的感覺。

這個看法其實也沒什麼新鮮。早在二千多年以前，佛陀就說過，每一個眾生隨時都在經歷著生與死。我們的心和身體，還有四周的一切，都持續地在出生和死亡。世間的一切都在持續改變著，這就是「無常」，也是禪的中心思想──了解我們與這個世界的本性。

對許多人而言，衰老與死亡看起來是很悲傷的事情，但即使是悲傷，也是持續生滅的。如果一個人對死亡一直抱持悲傷的態度，那麼他一定也會持續將悲傷帶到生命中。我們每一個行為與念頭，都在生滅，而每一個行為都會製造業因，將來這個因會成熟，然後生起新的緣。這種行為與結果的循環，就是業的循環。在我們經歷生、老、病、死的時候，我們同時也不斷透過行為及其結果，建構自己的未來。

佛教徒相信，我們一生中所做的任何事情，都會種下業因，影響下一世的出生與緣分。因此，我

們應該特別小心自己身、口、意的行為。如果你知道，每一刻我們都在創造自己的未來，那是應該感到高興的。因為這表示我們有機會讓自己的行為變好，這樣將來所結成的果，不但對自己好，對他人也有益。如果時時無私地為了所有眾生的福祉而努力工作，那麼你就可以說，自己時時都在過著新的生活。

在佛誕日這天，我們向佛陀供養食物以及鮮花，誦經並舉行法會來紀念佛陀。佛陀知道我們為他這樣做嗎？事實是，我們自己在享受著食物和鮮花，也是我們自己從誦經以及法會中得到好處。那麼，佛陀在哪兒呢？如果他根本不知道我們向他供養，那我們為什麼又要這麼做？紀念歷史上的這位佛陀，究竟是什麼目的呢？

我們記得佛陀，是因為他身後留下了什麼給我們嗎？有些佛教徒相信，即使釋迦牟尼的肉體在數千年前已滅，但他的靈魂卻留存了下來。根據佛法，這是正確的嗎？不！這是不對的。萬事萬物都在改變，而且是無常的，這也包含了我們的靈魂以及肉體。佛教一直秉持著「無我」的觀念：不相信永恆不變的靈魂或是靈體。

佛經裡告訴我們，釋迦牟尼的出生以及其後八十年的生命，皆因世上的眾生與他有業緣（因

緣)。「業」表示「行動」，進一步的話，就是佛教裡的「因果」，也就是一連串的原因與結果。這因緣是一種彼此間的吸引力、共鳴以及回應的意願，產生自我們與佛陀的行為、言語以及意念。我們持續地與佛法有著因緣，因此佛法也持續地幫助我們。佛陀的一生，只是他救度眾生的慈悲願行的一部分表現而已。他生活在印度的那段日子裡，他是釋迦牟尼；但事實上釋迦牟尼也只是佛陀的化身。

如果釋迦牟尼只是一個化身，那麼背後一定有一個更基本的東西，那就叫作「法身」，或是真理的顯現。它是所有現象的本質或「本體」，無所不在，與無常的現象密不可分。它與宇宙所有眾生呼應，並與眾生緊緊相繫，如果眾生與佛陀有緣，他們便會了解到這一點。

佛陀能以各種不同形態的化身顯現，來幫助眾生。根據一則印度傳說，釋迦牟尼是毘濕奴的第九個化身。在中國，有些人相信道家的老子是佛陀的化身。有些西方人相信耶穌也是佛陀的化身之一。原則上我們可以說，只要世上出現一個好人來幫助眾生，他就是佛陀的另外一種形體或化身。佛教徒不會把「佛陀的誕生」局限在釋迦牟尼這個人身上，它也可以用來形容任何好事或好人的出現，

幫助眾生克服苦難與無知。因此理論上來說,任何人都可以是佛陀的化身。所以,在佛誕日這一天紀念佛陀,事實上是在提醒自己:每個人都有成佛的可能。

佛陀的慈悲與智慧,隨時隨地都能得到。只要我們藉由善行,與佛結緣,每個人都能體驗到佛陀的智慧與慈悲。這並不是說我們能見到佛陀的形體,而是藉由與人、動物,或是事件的互動,我們能得到佛陀的慈悲與智慧。這樣看來,佛陀在何時出生其實並不重要,重要的是我們是否能敞開心胸去接納佛法的好處。換句話說,當我們從佛法得到好處時,佛陀也就誕生了。

透過母親,我們擁有了這副肉身,因此在生日的時候,我們感恩自己的母親,但這副肉身能持續多久呢?即使是在最好的環境下,大概也不會超過一百年。另外還有一種能經由佛法得到的法身,也叫作「慧命」。我們的肉身不會長久,但我們所累積的智慧能經由因果的運作,也就是業,而延續到未來。我們現在所種的因,會在未來結出果實。

慧命可以由很小的地方開始,舉例來說,當我們聽到一句佛法,並且感覺得到一些好處,我們的慧命就開始了。就像新生的嬰兒,總有一天會長大成人。當我們聽聞一句佛法後,便種下了一顆小小

的智慧種子，將來會成長綻放，而當它在言行與思想上開花結果時，那就是佛了。這樣看來，我們可以說，當開始感覺到佛法的好處時，你就有了自己的佛誕日。如果你是第一次接觸佛法，那麼我要恭喜你，今天就可以是你們自己的佛誕日。

　　釋迦牟尼佛是世上第一位達到完全開悟，並且傳播佛法的人。因此傳統上來說，我們所說的佛誕日，指的就是釋迦牟尼佛的生日。但如果以我前面提到的觀點，佛陀的生日，指的應該就是他決定要修行的那一刻，也就是他開始修持佛法智慧的那一刻。從開始修行，直到在菩提樹下開悟，釋迦牟尼不斷進步，即使有時候進步並不顯著。但每一次，當他對智慧與慈悲的修持又更進一步時，就是釋迦牟尼重生的時刻。

　　佛陀是什麼時候誕生的？當我們對他敞開心胸，並且能接受他的幫助、慈悲與智慧時，佛陀就誕生了。最重要的是，當我們得到佛陀的一些智慧後，要用佛法去積極做事，並且讓佛法幫助我們改變對人生的態度。如果能讓事情變得更好，即使改變很小，也是很重要的。

什麼是禪？

釋迦牟尼佛建立佛教，並藉由佛法（也就是佛的教誨）及僧團的比丘與比丘尼，使佛教留傳至今。但什麼是禪？禪是修行的一種方法；禪是智慧，既微妙又耐人尋味；禪是所有的現象。

禪是一種精神上的修行方式，在西元三世紀左右，佛教中的印度禪佛教（dhyāna）傳入中國後，在中國發展出禪宗。印度禪的精神、戒律與修行，在所有的印度宗教裡都很常見，包括印度教與佛教。印度禪主要是希望藉由集中精神以達到入定的狀態，今日的瑜伽中仍然會使用這種方法。在中國，dhyāna 稱為「禪」，中國人也孜孜不倦地鑽研其打坐入定的方法。然而隨著時間過去，中國禪的發展重點與原有的印度禪開始有所不同。中國禪隨後傳播到亞洲其他地方，在日本叫作 Zen，在韓國則叫作 Son，在越南叫作 Thien。

印度宗教裡，會教導人們冥想與入定的方法，好讓人們能從煩惱的精神狀態中得到解脫，也就是消除人們心中的苦惱、負擔以及困擾。這些煩惱皆因欲望而起，而我們散亂的念頭，只會讓自己更無法看清這一點。剛開始練習禪修的人，需要練習集中精神的基本技巧，以安撫並集中他的心念。這些

技巧包含集中注意力在自己的呼吸、身體（例如，注意身體的動作，或是使用不淨觀）或是聲音，例如水流的聲音。

這些技巧的目的，是要讓心能夠遠離妄念、苦惱以及束縛，使心神達到集中的狀態，之後再進入到心不分內外的層次，但這只是禪修的第一步而已。禪並不是只有這些集中精神的技巧而已，而是更進一步超越了這些技巧。

從被認可且備受尊崇的歷代老祖師們的教誨中，我們可以找到他們指點禪修的方法。僧稠大師（西元480～560年）以印度禪的方式來教導禪修，其中一個方法就是「四念處」。首先是「觀身不淨」，舉例來說，就是人身體裡的消化過程，接著是「觀受是苦」（「苦」的梵文為 duḥkha，巴利文為 dukkha）。人的感受基本上就是苦，因為即使是快樂的感受，也是有條件的，而且會消失。例如，我們的快樂端看自己或家人是否健康，我們的工作則取決於國家是否和平、沒有戰亂等，所有這些都是無常。有些經驗本來就讓人痛苦，而即使是讓我們快樂的事物，當我們失去它們的時候，一樣會受苦。

接下來，便是「觀心無常」，此時在心理與生理上，真實或恆常的自我中心都已經不存在了。

第四個是「觀法無我」,法就是所有的現象。這一念包含了之前的三念。

禪宗第四代祖師道信(西元580～651年)在〈入道安心要方便門〉一文中,教導了禪定的技巧。他建議禪修者先從最簡單的觀心開始。他要禪修者單獨坐在一個安靜的地方,穿著寬鬆的衣服,坐直、坐正,這樣就不會覺得受到拘束。讓身心完全放鬆,然後從頭到腳按摩幾次。調整身心到和諧的境界,接著觀察自己的念頭與感覺,但不要被它們影響。

道信也指出,禪修者的定境會逐步加深。首先,他會體驗到內在與外在世界。他的定境會慢慢加深,直到所有的念頭都消失,甚至連正在入定的念頭都沒有。最後,他能超越所有精神領域的經驗,超越定的狀態,而達到內外合一的境界,再也沒有分別。

不同的年代與區域,都有許多不同的修行方法可用。禪的技巧總是靈活又有彈性,為了面對不同的人、事、物,禪師會使用不同的方法來引領不同的人走向開悟。

有一次,一位居士問六祖惠能:「要求得解脫,是不是一定要練習打坐與入定?」

六祖惠能如此回答:「不一定。道(實相的本

質）必須由心去領悟，怎麼會存在於打坐這個動作裡？」

修行方法只是一種方便法門，是為了使我們的心澄淨下來，因此一定要靈活運用。

在唐代，許多有名的禪師用不尋常的方式來引領人們開悟。德山宣鑒禪師（西元782～865年）以對弟子當頭棒喝的修行方法而聞名。他原本是一位佛教學者，同時也專精禪宗中最重要的經典《金剛經》。有一次，有位年長的女居士問了他一個問題，他隨即明白自己對《金剛經》的了解根本不夠深刻，於是便出家，將畢生奉獻在禪的修行裡。[1]最後他成為德山寺院的住持，每當他問弟子問題，無論他們答不答得出來，都會挨一棒子，這可不是輕輕敲一下而已，有時候他打得可是非常重哩。

臨濟義玄（卒於西元867年間），這位臨濟禪宗的創始者，則是用獅子吼的教導來幫助弟子開悟。趙州禪師則只是要弟子去吃茶。西元八世紀的

1　德山宣鑒禪師在前往湖南的路上，想向一婆子買餅，婆子指著他擔子裡的書問：「這是什麼文字？」德山答：「《青龍疏鈔》。」婆子問：「講的是什麼經？」德山答：「《金剛經》。」婆子說：「我有一問，你若答對，就給你點心。《金剛經》說：『過去心不可得，現在心不可得，未來心不可得。』你要點哪個心？」德山無言以對。此即「婆子點心」的典故。

石鞏禪師則只說一句話來回答所有關於佛法的問題：「看我射出這支箭吧！」

這些禪師因為不尋常的教導方法而聞名，但他們卻沒有機械性地對所有的人都採用同樣的方法。如果對方無法從他的棒打之下受益，德山也不會打人；如果對方不能從他的獅子吼之中得到好處，臨濟也不會大吼。如果一位禪師的教學方法一成不變，那他大概是瘋了。

西元九世紀的黃檗希運禪師（卒於西元850年），他的著作很早之前就被翻譯成英文。黃檗告訴他的弟子，整天吃飯，但不要吃進一粒米；整天走路，但不要踏一寸地。他的意思是說，我們不應該和日常生活的事物分離，但也不應該讓自己被環境或是外在條件所控制。當我們達到這個境界，就不會再對自我執著，也不會執著「自我」與「他人」，而有分別的概念。只有這樣生活的人，才能真正自由與無憂無慮。一個從自我執著中解脫的人，會積極參與生活，但不會受到外在人、事、物的困擾與惡劣環境的影響。

黃檗強調，人可以在任何情況下修行，不需要離群索居或是出家，這就是禪的信念。如果我們能夠達到黃檗所描述的境界，就會成為真正大徹大悟之人，足以成為偉大的禪師。

禪的集中精神與入定的技巧，通常是給初學者用的，一個有經驗的禪修者不會拘泥於這樣的技巧。禪本身並不是最終的技巧或是方法，而是一條道路，只是透過不同的修行方式，讓你達到目的。這又順勢帶到禪的第二個定義：禪是耐人尋味又不可言喻的微妙智慧。

　　禪難以言喻，因為我們無法用文字去表達、描述及解釋，也不能用概念去想像或理解。我們能用語言表達出來的，不管有多精妙，都不是禪。

　　「禪」這個字也能表示開悟。「開悟」這兩個字，從字面上來看就是「開啟並覺醒」的意思，也可以看作是「第一義諦」、「最終義諦」或是「究竟真理」。禪還有一個「第二義諦」。第二義諦可以藉由文字與概念表達出來，但禪的第一或是最終義諦卻沒有辦法如此。

　　在禪的傳統裡，究竟真理有時候會被比喻為月亮，而人們所熟知的一般真理，則被喻為指向月亮的手指。有人看到月亮，於是用手指指給其他還沒有看到月亮的人看。如果那些人看的是手指，而不是月亮，那麼他們還是沒搞清楚：手指並不是月亮。文字、語言、思想以及概念就像手指，只能表達第二層次的真理，但卻能指向究竟真理。最究竟的真理叫作心、本性或是佛性，那是每個人必須去

親自體驗，無法言說的。

我們再來看幾個例子，描述禪師們如何在語言的限制下來解釋禪。《六祖壇經》是最具影響力的禪宗經典之一，記錄了禪宗第六代祖師惠能的一生及其教誨。在他領悟佛法之後，他從禪宗第五祖那兒接收了袈裟及缽，象徵他是禪宗第六代祖師，並且被賦予傳法的權責。但因為他在寺院裡的地位低下，寺裡的比丘們也還不知道他已經開悟，於是造成很大的爭議。因此五祖要惠能逃離寺院，其他人才不會因為眼紅而傷害他。於是惠能便出發前往中國南方的深山，並在那兒待了十年。

但有些比丘仍緊追著他不放，其中包括了惠明。惠明從前是一位將軍，身體強壯，意志堅決。當惠明追上惠能時，這位禪宗第六代祖師將袈裟與缽這兩樣傳法的象徵，放在一塊石頭上，然後說：「來吧，把它們拿走，我不想為了這些東西和你起爭執。」

惠明試著想要把這兩樣東西拿起來，但卻動不了它們。他又驚訝又崇敬地說：「我是為求法而來，不是為衣缽而來。」

惠能於是第一次以傳法者的身分說法，他問惠明：「不思善，不思惡，就在此時，哪個是你惠明的本來面目？」直到今天為止，這依然是個很好的

問題。你們能回答嗎？

百丈懷海禪師（西元720～814年）曾對一位比丘這麼說，同時也指出了禪是不可言喻的智慧：「和我說話，但是不要用你的嘴、喉嚨，或是嘴唇。」

百丈用另外一個方法來表現同樣的觀念，他說當你不再受限於任何念頭，像是善與惡、淨與不淨、技巧、方法、心靈的快樂或是世俗的擔憂，那麼你就得到佛陀真正的智慧了。如果你能超越所有對於觀念的執著，你已經得到佛陀的真正智慧。百丈將「福」——特別是指經由行善而得的功德——也列為我們必須超越的概念，即使在今日，這也是中國佛教徒最常執著的一個概念。

禪是一種精神上的休息，是一種不可言喻的智慧，但禪同時也是所有的現象：它無所不在，處處皆是。釋迦牟尼佛曾說，世間所有法都是佛法；我們也能這樣說：「世間所有法都是禪的佛法。」「法」也指現象，包括人、事、物、思想、時間、空間等。佛法的「法」——就某方面來說是一種自然法則——也就是指佛陀的教誨。即使禪超越了所有的概念、所有能被理解或是定義的事物，但是禪卻絕對包含了它們。

趙州禪師（西元778～897年，沒錯，他在

世上活超過了一百年）在一則公案裡告訴我們這一點：

　　一位比丘在趙州禪師的寺裡學佛，有一天他跑來問趙州：「弟子迷惘，請師父指示我。」

　　趙州問他：「你今天吃粥了沒？」

　　比丘回答：「吃了。」

　　趙州說：「那洗缽去。」一聽到這句話，這位比丘就開悟了。

　　如果你喝完一杯牛奶之後，我對你說：「請去洗洗你的杯子。」你認為自己會開悟嗎？今天大概全世界的父母都會對孩子這樣說，但是他們的孩子開悟了嗎？我們要記住這個故事的背景：這位比丘已經修行一段很長的時間。長時間修行的人，他的心是很坦誠、清淨的。

　　我們做任何事情，都可以是禪修。也就是說，我們做的一切事情，沒有一件不是修行，但這其實不是那麼簡單。

　　在另外一個故事裡，一位比丘問趙州：「什麼是禪？」

　　趙州回答：「餓了就吃，累了就睡。」

　　聽完後，比丘說：「可是每個人都餓了就吃，累了就睡啊！難道每個人都在禪法中了嗎？」

　　趙州回答：「當你在吃飯的時候，你是一心一

意地吃飯嗎？當你在睡覺的時候，你不是正做著各種夢嗎？」

在另外一個有名的故事裡，一位比丘問趙州：「萬法（指所有現象）歸一，一歸何處？」萬法歸一指的就是修行，讓我們集中散念而達到一心的境界。當我們談到這個「一」最後是否也回歸到什麼地方時，聽起來很像一種宗教概念：萬物皆來自上帝，並且最終也會回歸於上帝。

趙州回答：「我在青州做了一件布袍，有七斤重。」比丘問了一個深奧又抽象的哲學問題，禪師卻給了一個平淡無奇，看似荒謬的答案。看起來他似乎沒有回答到問題，但再仔細想想，趙州的意思很單純，他只是說他從青州回來，帶了一件新做的布袍，他很喜歡。不管別人問他什麼，他都回答：「我剛做了件新的布袍。」

真理不需用哲學的概念來探求，這個「一」最後回歸到哪裡的問題並不重要。最有智慧的哲學家，也和大多數做粗活的工人一樣，要吃要睡，也要上廁所。那我們為什麼要認為，只有聰明的哲學家才會知道真理呢？禪並不是反對哲學的探索，或是反對聰穎智慧，只是不用複雜的概念或思想來追求最終的真理。究竟的真理無時無刻就在我們的四周、我們的面前，在我們每一天的生活裡。

以上這些例子的意義是什麼？那就是不管你做什麼，不管那些事情有多平凡，不管你眼前看到什麼，都是禪，但那些只是禪的一部分，並不是禪的整體。

禪的人生觀

　　到這裡為止，我們一直在討論禪，但什麼是禪的人生觀？什麼是生活的目的？

　　禪的人生觀有幾個層次，因為佛教承認每個人對於人生的觀點，取決於他對事物的看法以及個人發展的層次。如果你的洞察力很好，那是你自己的判斷；如果你只能見到事物的表面，那也是你自己的判斷。禪存在於所有現象之中，也就是說，不管是大事或小事，都與禪法相應。這是一個很深奧的人生觀，很少人能真正了解。

　　如果你對人生的看法是沒什麼目標或目的，你大概會覺得人生空虛又沒有意義。如果人生看起來沒什麼意義，你會納悶：「那我還活著做什麼啊？」你會覺得自己不過是在消耗地球資源而已。

　　告子說：「食色性也。」這是說，人類想要繼續生存的欲望與生育的衝動，是人性中的動物本能。這是人生觀最低的一個層次，可以叫作動物本

能的人生觀。生活不過就是找食物、找能遮蔽度日的地方，然後繁衍下一代，就像動物一樣。這樣的生命沒有其他目的，這就是你生活的態度嗎？

而另一種看法，就是相信人類的存在是自然而然的，沒有起因，也沒有目的。有這種想法的人，隨波逐流，讓情況與環境決定他們的一生。你分辨得出來嗎？有些人的確是靠著這種動物的認知來生活。

第二種看法的人生觀，可以說是「愚癡」，這個層次比動物本能要好一點點。有這種觀念的人，會相信為了保全自己而去爭鬥才是最重要的。他們累積財富，追求權力與地位，好保護他們自己以及後代子孫。

在中國古代，有一位身居要職的政府官員，前去拜訪一位與眾不同的比丘，因為他居然住在樹上！[2] 在那個時候，很少會有官員主動去找比丘來指點迷津。中國的官員都是科舉出身，大部分都受過高等教育，是很有文化教養的人。許多佛教比丘與法師也同樣受過教育，而且具有智慧，所以他們

2　此官員為唐朝詩人白居易，當時任職杭州太守，比丘為鳥窠禪師。鳥窠禪師本號「道林」，因住在樹上而被稱為「鳥窠禪師」。

的說法與開示會吸引這些官員,有時候連皇帝也會尋求禪師的建議。

前面提過,這位師父住在一棵高大的樹上。官員對他說:「師父啊,你現在的處境很危險哪!」

師父回答:「我一點都不危險,反倒是你,正處在危險之中。」

官員問:「我怎麼會處於危險之中?我是地方的長官,有許多人保護,怎麼會有危險呢?」

師父回答他:「地、水、火、風不斷侵擾你(當時的人相信,這四大元素組成了所有的自然現象),生、老、病、死的過程隨時會影響你,貪、瞋、癡、慢則時時伴隨你。這樣你還說你一點都不危險?」

這位官員既聰明又有慧根,他一聽就懂,於是說:「是啊,師父,我的處境的確比你危險多了!」

人類是愚癡的,這個世界上並沒有真正安全的地方。

一個有著虛妄人生觀的人,就像追著自己尾巴跑的狗一樣,相信自己的尾巴是另外一條狗。狗兒繞著一棵樹,追著自己的尾巴跑,心裡還想:「讓我抓住那隻臭狗吧!」但是牠永遠都抓不住自己的尾巴,就像財富、權力、成功和聲望,都不能保障

我們的安全。最後這隻狗累死了，我們也是。狗直到死前，還是不知道生命的意義或是自己為什麼會死？牠一點都不知道自己一直在追逐的，就是自己的尾巴。這就是虛妄的人生觀，而許許多多的人都是這樣過日子的。

如果「人生不過就是努力尋求保障」的觀點是虛妄的，那麼有智慧的人應該抱持什麼樣的人生觀呢？這裡的智慧指的是入世的智慧，也就是依據有原則性的理想與目標來生活。大部分的人都喜歡相信自己是屬於這一類的人。

舉例來說，藝術家，就是一個擁有入世智慧的人，他將畢生奉獻給美，致力於美的創作。一件藝術品的創作過程通常很艱辛，但當它完成的時候，看到它或是聽見它，對創作者及觀眾而言，都是一個美的體驗。在這個過程中，藝術家本身被美化了，這個世界也被美化了。藝術家對於美的內在體驗可以轉變環境，當他在創作的時候，內外是完全合一的，藝術家甚至將整個宇宙都視為是一件獨創的藝術作品。

當藝術家潛心於創作的時候，這個世界通常看起來很美麗，但是當他必須處理日常瑣事的時候，人生可能就沒那麼美好了。我認識一位畫家，他的作品真的很美。他和別人談到自己的作品和藝術的

時候，總是很快樂；但是當話題轉離藝術之後，他就變得易怒又脾氣暴躁，讓家人和朋友都不好過。

藝術家會經歷到美的時刻，也就是沒有了自我與非我的分別，但這些都短暫如曇花一現。生命並不總是美麗的，我們更常經歷的，往往都是日常生活中並不那麼美麗的部分。

有些終身致力於分析與觀察物質世界的科學家，也展現出對人生的智慧。他們體驗到自然的無限性，因此推測出自身也具有無限的可能性。他們也許只觀察到物質那個層面，但卻能舉一反三，推測出無限的整體。只不過他們光用科學，就能發現人生的意義嗎？那倒未必。

有一位科學家曾經對我說：「師父，科學和佛教最終的結論都是一樣的，所以如果我追求科學，就不需要學佛了。」

我說：「那最終的結論是什麼呢？」

他說：「佛教說，法相無限，科學也得到同樣的結論。佛教說諸法皆空，而科學呢，將物質分析到最細微的程度後，也發現並沒有永恆不變的實體存在。所以，這些結論都是一模一樣的。」

我回答他：「不對，這兩者完全不一樣。科學可以告訴你，為什麼你會出生來到這個世界上嗎？」

他說：「喔，那很簡單。是我母親把我生下來的。」

我又問：「那你母親為什麼要生下你，而不是生下別人呢？」

「我母親生下了我，這就夠了，沒必要去討論為什麼她生的不是別人。」

我又問：「那為什麼是這位母親把你生下來，而不是其他女人呢？」他回答不出來，於是我又說：「這表示你連這樣基本的問題都還搞不清楚，因為你連答案都不知道。」最後，我問他：「你為什麼到這個世界上？為什麼你會來到這一世？離開這一世之後，你又要往哪裡去？」

科學可以讓我們知道，所有現象是無限與空虛的，但它卻無法回答，人生的目的是什麼，以及死後會發生什麼事情。這也是為什麼有許多科學家最後還是信奉了宗教，即使愛因斯坦都有宗教信仰。在臺灣，科學家通常都會變成佛教徒，因為科學沒有辦法回答像「人類為何存在」這樣基本的問題。

哲學家也是很有智慧的，他們依循著那些建構得很好的理念過生活，並且努力將他們的理想與原則融入日常生活中。

有宗教信仰的人則是另外一種追求智慧的人。一個有宗教信仰的人，依著原則與被認可的目標來

過生活，並且用信仰來主宰自己的人生。他的人生意義就在於遵守上帝的法則，並且期待在死後能進入上帝所在的天國。

一方面來說，個人與上帝是連接在一起的，但另外一方面，這兩者又是各自獨立的。這一點挽救了藝術家、科學家與哲學家共同的弱點，他們將自己融入在藝術、科學或是哲學之中，而冒著失去身分認同的危險。然而，若一個人信仰上帝，他會認為自己擁有一個獨立、永恆不變的身分，或是靈魂。對很多人來說，擁有這樣的認同感是很重要的，不然他們就會覺得很空虛。

禪的人生觀與一般入世的智慧不同。禪的觀點認為，人生的目的是為了要開悟，放下自我。我們必須要經過三個階段，才能達到消融自我的境界。第一，自我肯定；第二，自我成長；而第三，就是自我消融。這叫作人生的現實觀，因為它還是以最根本的現實為基礎。

肯定自己，就是肯定我們的目標、目的、我們生命的意義與價值，並願意誠實、明白地看待自己。當人們問：「我們這一世為什麼會來到這個世界？」從佛教的觀點來看，我們是到這個世界接受果報的，同時也是為了要還願。

我們必須了解，在人的一生中，我們的行為，

不論好壞,都會有果報,也就是這些行為的結果,但這些果報和我們過去所活過的無量世比起來,是相對有限的。在現在這一生中,我們的所作所為,和我們所受的果報,通常都不是相應的。有些人似乎沒做什麼好事,卻仍然出生在富貴之家,輕而易舉就能成功;有些人努力了一輩子,也只能勉強溫飽,而且一無所成,人際關係也不圓滿,過著充滿苦難的日子。

　　為什麼會有這樣的差異?要回答這個問題,必須先了解何謂果報。現在世之前,是無量的過去世,我們在那些數不清的過去世中做過許許多多不同的行為。這些行為的結果會在這一世以及未來世出現,直到那些行為所造成的結果都發生過為止。我們必須為了自己曾做過的好事、壞事而接受果報。所以我們出生的原因之一,就是要還清過去世的債。此外,是什麼從上一世傳到下一世呢?是我們種下的因:亦即還沒有成熟為果報的所作所為,不論是好還是壞。

　　我自己出生的時候,身體有許多毛病,而且小時候常常生病。我問自己:「為什麼我的身體這麼差?我的哥哥姊姊都很健康,我的身體卻這麼虛弱,是因為母親對我不公平嗎?」現在我明白了,這和我母親沒有關係,她沒得選擇。我們出生時所

擁有的身體,是過去世的因所造成的,但許多人還是覺得,自己出生的地點、時間,還有一生的命運,都是不公平的。

　　我們來到這個世界,同時也是為了來還願的。在佛教裡,「願」是一個人所能做的最堅定的誓約。

　　我們每個人都有願,並且發過願,不是嗎?我們平常不也是做了很多承諾,但都沒有實現嗎?尤其是談戀愛的時候,什麼承諾都會答應,但結了婚之後就全忘光了。然而任何一個沒有實現的承諾,最後總是要償還的。所以我們來到這個世界,是為了要去完成我們該盡的責任,並且償還前世所欠下的債。

　　講到這裡,我談的都是關於自我肯定。肯定自己之後,接下來我們必須成長自己。

　　自我成長的過程中,同時包含了放下自我,並將自己重新定位在為其他眾生謀福利上。這樣你就能做好準備,為了其他人去忍受種種不便、麻煩及苦難。要做到像佛教裡的悲願那樣,救眾生脫離苦海,你得奉獻出所需的一切:例如時間、金錢或是你的全副心力。當你在奉獻的時候,看起來似乎失去了什麼東西,但那只是一種自私的觀念而已。一個菩薩,一個開悟的人,不會有得失的觀念,他的

心心念念只有其他眾生的福利。

　　情願放棄自身利益，主動去幫助別人，當需要的時候，願意為了眾生而受苦，這就是正確的態度，也就是「正見」。當我們自願為他人謀福利時，苦難就會消失；只有在苦難與煩惱是來自我們不願做的事情時，才會難以忍受。走在菩薩道上的人，即使他們才剛開始修行，也一定要將自身利益置之度外，儘管這樣會帶來許多苦難。如果我們所幫助的眾生，沒有對我們表示任何感激，也不必後悔，這就是智慧與慈悲。

　　最後，我們必須消融自我。根據禪的說法，這第三個，也是最後一個發展的階段，就是完全從自我中得解脫。在完全放下自我之後，就能將自己的成就所得來的福利，回饋給社會以及整個世界。把我們所擁有的、所成就的一切都奉獻出去，奉獻給眾生。我們的努力可以造福眾生，而自己也不會覺得有什麼得失，這就是無我，是一種很深的悟境。

　　如果你的悟境已經這麼深了，就不必再聽我講什麼人生觀了，因為你不會再對人生還有任何特殊的看法。在禪裡面，最後的、超越的人生觀就是什麼看法都沒有。那麼，這還有什麼好說的？擁有一個人生觀，是一般人的狀況；而有很深悟境的人，則是根本超越這個觀念，這種人反而能應付各種

難題。

　　有許多禪的公案都能說明這一點。在其中一個公案裡，有一個和尚問：「什麼是萬里無寸草處？」

　　禪師回答：「出門皆是草。」然後他又補充說：「你可以走遍全世界，但卻不會看到任何芳香的草。」[3]

　　我可以換個方式來問這個問題：「何處是萬里無寸草處？」

　　答案很特別，似乎也很奇怪。「不管你往何處看，四處皆是芳香的草。」接著又說：「你可以走遍全世界，但卻看不到芳香的草。」如果到處都是芳香的草，你就認不出來，也不能給它命名了。譬如說，如果這世上的每個眾生都是狗，那麼命名任何眾生為「狗」就沒有意義了。生命的真相無所不在，如此明顯。禪就是所有的現象，而所有的現象就是佛法，只是我們知不知道而已。可是如果你刻意去尋找生命的真相，那麼你將永遠都找不到。

　　另外一個公案，則是說有兩個修禪的和尚正在旅行，經過一座荒蕪廢棄的寺廟。一個和尚想要尿尿，於是他就對著佛像，尿在寺廟的大堂裡。另外

3　在這個公案中，首先問話的和尚為洞山良价禪師。

一個和尚便罵他：「看啊！佛就在那兒，你怎麼可以在他面前撒尿？」

第一個和尚說：「告訴我，有哪個地方是沒有佛的，我就去那兒撒尿。」

另外一個和尚說：「佛無所不在。」

第一個和尚快樂地說：「這樣的話，我不是到哪裡都能撒尿了嗎？」

如果生命的真相無所不在，你可能會懷疑，為什麼我們會發展出動物的人生觀、虛妄的人生觀，以及用世俗的智慧去過生活？在佛教裡，我們講「無始無明」，這個「無始」的概念是佛教特有的。一般來說，哲學或是其他宗教都會談到一個開始或是第一個起因，但是佛教沒有，它講的就是「無始」。有人問：「這個『無明』是從哪裡來的？」釋迦牟尼選擇了沉默不語，沒有回答。那我又怎麼敢回答呢？想要用世間的智慧來解決這個問題，是找不到答案的，只有真正的智慧能提供解答。

第三章

苦

佛教的出現，是因為佛陀想要尋找生、老、病、死的起因，也就是造成「苦」的普遍原因。人生的無常、不完美、無法事事盡如人意，也是一種苦。苦分三個等級：第一種是普通的苦，像是得不到我們渴望的東西，或是必須忍受我們所厭惡的人、事。第二種苦是由於變化而產生的不滿足，像是感官的享受或是愉悅的入定狀態結束的時候。第三種苦則是因一切事物本性的無常及緣起緣滅而起，因此身為不斷改變的生命體，是我們的本性造成了苦。[1]

苦從一出生就開始了，一直苦到我們死去為止。身體上的病痛是苦，心裡的感覺也是苦。佛法

1　這三種苦在佛法中依序稱為「苦苦」、「壞苦」、「行苦」。

不會將我們的苦袪除，它不是一種麻醉劑，但是它可以減輕我們的苦。佛說，身體有病痛的時候，應該去看醫生，但心靈上的苦痛，就要以佛法來治癒。

佛陀認為，救心比救身體重要。一個人如果有健康的身體，但是心裡不平靜，會比只有身體病痛的人受到更多的苦。心靈平靜並且態度良好的人，比起心境紊亂不安的人，比較不容易受身體上的病痛折磨而煩惱。如果心裡的問題與妄念能消除，那就是解脫了。

一位英國的心理學家告訴我，他最近在參加禪修營時，聽到一件對他來說非常有用的事情。他說：「每天晚上做晚課的時候，我們都說：『若人欲了知，三世一切佛，應觀法界性，一切唯心造。』這樣的見解真是太棒了！舉例來說，當我的腳開始痛起來的時候，我不必去害怕那疼痛。當我接受疼痛，並且不執著在疼痛上的時候，通常疼痛就會自己消失，取而代之的，是一種很舒適的涼爽感覺。不管你遇到什麼問題，只要去面對它們，問題就會消失。」

他還說，過去他習慣用診療或是藥物來幫助病人擺脫煩惱。他以前並不明白，其實真正解決問題的方法就是去接受問題本身。我問他，這種方式適

用於所有人嗎？他想了一會兒，然後說：「也許只適合擁有堅強意志力以及決心的人。」

即使這個方法不是對每個人都適用，它背後的原則卻是真的，那就是：就問題本身而言，沒有問題是客觀存在的，問題都存在你的心中以及觀念中。一旦你的心中沒有問題，外界那些客觀的問題也就不存在了。因此，佛教認為其他的宗教與哲學是「外道」，因為它們認為許多問題以及現象都存在於人的心以外，但從佛教的觀點來看，這些東西其實都存在於人的心裡。

「一切唯心造」，這個概念不容易掌握。為了要解釋這點，我們必須將心分為兩個層次。比較淺的層次，就是觀念上的心。我們所學習、所感覺到的東西，都會影響它，它很容易受到制約。我們不能說，發生在我們身上或是環境中的事情，都是因為這個心；但是，我們的本心，自性本空的心，或是那遍及一切時空（過去、現在、未來）的究竟本體，的確產生了所有的現象，並製造了我們的問題。從自性本空的這個觀點來看，可以說，外在的問題其實都是我們自己創造出來的，只是我們並不知道是自己製造出這些麻煩，因為它們藏在一個層次更深的心裡。

萬物皆由心起。你有你的天國，我也有我的天

國；你有你的地獄，我也有我的地獄。或許你會在你的天國裡看到我，我也可能會在我的天堂裡見到你，但無論如何，你的天國和我的就是不一樣。對其他事物來說也是如此。

如果兩個人結婚了，每天二十四小時都在一起，睡同一張床，做同一件工作，那他們是生活在同一個世界，還是不同的世界？這兩個人會遇見許多不同的事物，所以就連他們所生活在其中的物質世界，也不會完全一模一樣。如果我坐在這張椅子上，你就不能坐在上頭了，你得去坐在別的地方。如果我們一起吃飯，即使面前擺的是同樣的菜，我吃的東西，還有我吃的分量，都和你不一樣。你可能覺得很好吃，但我卻覺得不怎麼樣；你可能今天覺得這道菜好吃，明天就覺得不怎麼好吃了。

只有當兩個人的心是完全一樣的，他們才有可能生活在同一個世界裡。在禪修裡，我們把這種狀態叫作一心。如果一個人的心念散亂，就不可能體驗到與其他人相同的世界。

苦由心起。根據佛教的說法，通常有三種情況的心會造成苦。第一是無始以來的無明。西方宗教會談到一個開端，而西方科學則用理論去探討宇宙的開始，但佛陀說一切其實都沒有開始。要尋找那個開始的源頭，就像在一個圓周上找起點一樣。

你可以儘管去試，但依然無法找到起點，這就是無始。如果你問：「那麼苦是從何處來的？」佛教徒會這樣回答：「苦沒有源頭。」所以我們不能藉由找到苦的源頭來消除苦。

第二個造成苦的原因，就是不知苦其實是因果循環，也就是佛教徒常說的「因果」。我們現在受苦的果，是之前的因所造成的，這個果又會變成未來果的因。我們在時間之中前進的時候，同時也不斷在製造未來的因與果。我們現在的所作所為，製造了未來所受的苦。「業」是表示行為，也同時指因與果，因為在這個過程中，因不斷製造果，果也不斷製造因。佛教並不相信永恆不變的靈魂，而是認為在這一世裡，我們的行為所種下的業因，會被帶到另外一世裡而結成果。這些因為欲望驅使而產生的因與果，本身就是苦。

第三個造成苦的原因，則是煩惱。「煩惱」在佛教裡是一個特別的名詞，是從梵文的 kleśa 翻譯而來。煩惱會由環境引起，舉例來說，如果我們在雨中淋濕了，可能會生病；汙染的微生物會讓我們生病，引起我們的煩惱；冷與熱也會讓我們煩惱。

我們的人際關係也會引起煩惱。多數人都以為，自己大部分的煩惱都是因為敵人而起，但事實上多半不是如此。最常與我們發生爭執的人，不是

敵人,而是我們最親近的人,例如配偶、孩子以及同事。每一天裡,我們不但必須要與親密的人共處,還要與其他人共事,有些人我們認識,有些不認識。有些人幫助我們,有些人則阻礙我們,而且我們一直不斷地在和其他人競爭較量。

另外一個煩惱的原因,就是我們自身情感的混亂不安。我們最大的敵人往往不是在外界;最常困擾我們的,幾乎都是我們自己的心。我們的感覺不斷在變化,可能一下子從自大到懊悔,又從愉快到悲傷,但隨著時間過去,很少會用同樣的角度來看待一件事情。我們自己就是矛盾的,擔心得失、對錯,不能決定到底該怎麼做,這真是悲慘哪!所以,只有當你沒有執著或抗拒的時候,才不會有感到過或不及的煩惱。

對於由心而起的煩惱,我們該怎麼辦呢?當我們覺得在受苦的時候,去分析苦的來源,對減輕痛苦會很有幫助。貪、瞋、癡、慢、疑都是苦,當反省到自己所受的苦的本質時,就會大大減低苦的程度。有一點要注意的是,佛教關心的不是造成幻覺與受苦的原因,它關心的是要如何認清苦並消除它。消除苦的力量,存在於每一個人的心裡。

「貪」是想要得償所願的欲望。舉例來說,想要征服的強烈渴求就是貪。人們想要增加自己所擁

有的東西、擴展自己的影響力，結果因此而受苦。有些人努力追求名聲，有些人用權力直接去征服反對自己的人。因為貪念，國與國之間，甚至家庭裡，都會產生權力鬥爭。妻子想收服丈夫，丈夫想要征服妻子，這種想要壓倒他人的欲望，其實是非常自我中心的。

當貪念使我們受苦時，我們應該反省：「我太貪心了，我的欲望太強烈了！這就是我受苦的來源。」因貪而起的煩惱就會消失。

當我們因「瞋」而受苦時，可以這樣反省：「我為什麼要這麼生氣？我會這麼痛苦，其實都是因為我的憤怒。」能這麼想，你的憤怒與痛苦便開始消退。往心內看，不要往外看。你要審視的不是「問題」，而是你自己的心。

當我們做了無知愚癡的事情，如果能認知到自己的錯誤，便能減輕痛苦與煩惱。「癡」包括了不了解與不接受無常，也就是說，相信了那些不斷變化的事物是能依靠的。

當我們以為自己的成就，完全是來自自身的能力與偉大，而不是由於因緣的幫助，那就是「慢」。很明顯地，這種態度就是自我中心。傲慢會導致冷漠無情、鄙視他人。一個傲慢的人相信自己有權利去傷害別人，或是因任性而漠視他人。

因為無法達到渴望的目標而產生的沮喪，就是傲慢的另一面，有這種煩惱的人會喪失所有的信心，而且經常會怪罪他人。

如果能認知傲慢與沮喪其實是根源於自我中心，並且知道自己所受的苦是由它們而生，那麼這對克服傲慢與沮喪，會有很大的幫助。

「疑」也是一種煩惱，並且會造成苦。疑惑使我們無法做決定，也讓我們無法信任別人，甚至無法信任自己。這的確是苦啊！如果你知道自己的苦是由疑而生，你應該這樣想：「我要完成這項或那項工作，所以我最好相信我有這個能力，而且這是一件對的事情。」如果能這樣相信，你就能全然投入在自己想做的事情上。

疑會對生活產生非常嚴重的影響。想像一下：你已經決定要結婚了，卻因為有疑惑而覺得困擾。你疑惑這場婚姻會不會以離婚收場？結婚之後，你的另一半會拋棄你嗎？你的伴侶會不會說謊？如果他有重要的事情瞞著你呢？如果疑問不斷生起，你不僅在準備結婚的時候會很悲慘，結婚後，婚姻也會很糟糕。即使你和另一半之間並沒有什麼真正的原因會導致分離，但是疑惑本身就能提供一個分手的好理由。

如果你因為這些疑惑而受苦，應該對自己說：

「如果我有這麼多疑惑,那結婚豈不是一件傻事?如果要結婚,我就應該接受另一半現在的模樣,並且完全信任他。」如果無法維持這種態度,婚姻只會帶給你不幸。

你們之間,有誰是沒有疑惑的嗎?直到今天,我還沒遇到過完全沒有疑惑的人。

人們常常用兩個沒有效的方法,試圖減輕自己的苦。第一個就是拒絕:「我沒有在受苦,我沒有問題,有錯的不是我。」當他們辯稱自己沒有問題的時候,他們會大發脾氣,把自己弄得極端焦躁不安。有一次,我問了一個像這樣的人,問他為什麼有這麼多煩惱?「那不是我的問題!」他喊著回答:「是那些很差勁的人把我害得這麼慘的!」事實上,他的許多問題,其實都是自己惹出來的。

最近,我和四個人一起搭一部車,他們開始熱烈討論一個話題。其中一個人對我說:「師父,真是對不起,我們爭論了這麼久。」

我回答他:「在爭論的是你們,根本不關我的事。」難道我沒有聽到他們在說什麼?當然有,但我不是他們談話裡的一部分啊!

不久,另外一個人又對我說:「我真受不了聽別人爭論,讓我很不舒服。」你也許會認為他是對自己以外的事物有反應,但事實上,是他自己造成

自己的煩惱，煩惱是來自他的內心。

人們用來減輕痛苦的另一個方法，就是不斷檢討自己的錯誤與問題，以及自認為可行的補救方法。如此的行為所根據的也是一個錯誤的假設，這兩種方法只會讓事情更糟糕。

要如何減輕苦，為心帶來平靜呢？佛教滅苦的方法可分為兩大類：一個是改變觀念，建立正見；另外一個就是修行。

佛教有三個重要的觀念，能幫助我們減輕苦。第一個觀念就是我之前提過的因果，這雖然是個宗教性的觀念，但也是事實。在我們的一生當中，不論做了什麼，都能觀察到自身行為帶來的反應以及結果。舉例來說，當我們對別人惡言相向，別人通常也會這樣對我們。透過信仰，佛教徒相信在這一世之前有過去世，過去世之前還有過去世，也就是我們有無量的過去世。我們現在所經歷的事情，很多看起來可能不公平，但這只是我們在無數的過去世中，所作所為的結果而已。相信這一點，我們就會樂意去接受降臨在自己身上的好事或壞事。

佛教裡的第二個重要觀念是因緣，了解這一點也能幫助我們減輕苦。世上所有現象的生與滅，都是由許許多多的因素相互影響與累積而成。一朵花的起因，是一粒種子，但也必須要有土壤、水分

和陽光，這棵植物才能生長。時機不對，或是被連根拔起，或是缺水、缺少陽光，都會讓這顆種子枯萎，然後死亡。我們所做的每一件事以及發生在我們身上的種種遭遇，也是同樣的道理。

因此，當我們成功時，沒有必要特別覺得興奮或是驕傲。無論我們的成就有多大，都是因為有了其他人直接或間接的幫助，才能有今天。而既然我們知道，現在所有存在的一切，終有一天都會消失，那麼在我們遭遇挫折的時候，也就不必感到沮喪失望，因為這些挫折，日後一樣會改變。只要有平靜的心，我們就能安然度過人生的順境或逆境，不會得意洋洋或是鎮日愁眉苦臉。這是心靈健康的一個象徵。

第三個能幫助我們減輕苦的觀念，就是培養慈悲心。人們通常希望他人能對自己慈悲，卻很少想到自己也要對他人慈悲。有些人做錯了事，就要求別人原諒他們，他們會這樣說：「人非聖賢，孰能無過？」但如果他們見到別人犯錯，就會說：「你真是沒用！為什麼一件事情都做不好？」

慈悲有四個構成要素。首先就是了解自身的矛盾衝突並建立內心的平靜，其他則是：同情別人的缺點、原諒他人的過錯、關心他人的苦難。第一種慈悲讓我們培養出其他三種慈悲。為了要與自己和

平共處,你的心必須平靜、祥和。要做到這一點,就必須牢記因果與因緣的觀念,這能幫助你保持平靜與祥和,然後你就能對他人慈悲、感同身受,諒解並付出關心。

第二種減輕苦的方法,就是透過佛教的修行,包括正統的打坐、觀想、誦經、拜佛,以及其他每天例行的修行方法。修行能幫助我們更了解因果與因緣的觀念,讓慈悲心扎根在日常生活中。

第四章

修行

　　在1949年中國大陸政權轉變之前,也就是我離家、出家的那段時間,中國有許多禪寺,但大部分的禪寺裡,出家人並沒想像中多。這些禪寺裡,少則會有三個比丘或是比丘尼,多則有好幾百人。一般來說,比丘與比丘尼分別住在不同的寺院裡,而女眾住的寺院,則是由女住持來管理。在大多數的寺院中,佛像在大殿占據的位置,比留給出家眾站立的位置要大得多,所以在有著大僧團的寺院中,出家眾甚至無法在做佛事的時候全部站進大殿裡!事實上,只有少數的禪寺擁有用來打坐或是定期禪修的專屬禪堂。

　　寺院裡的規矩都是一樣的,每天的生活也差不多。比丘與比丘尼必須接受兩種修行訓練,第一種是經由日常生活的各種工作來修行。恰如其分地

履行出家人的職責很重要,包括勞動作務、主持法會,到成為一座寺院的住持。日常生活裡的修行也包括每日早晚課誦與禪修。

第二種修行方法,則是撥出一段時間來進行密集的禪修。禪修最短的時間是一個星期,此外還有二十一天、四十九天以及三個月的禪修。時間較短的禪修,由寺裡的住持負責,在中國任何一座禪寺裡都能舉行。至於二十一天或是四十九天的禪修,地方上的禪寺則會邀請一位高僧禪師來主持,通常都是邀請有名禪寺裡負責禪堂的首座或板首。我剛出家時最有名的兩位禪師就是虛雲老和尚以及來果禪師,這兩位大師都對禪修有重大影響,同時也影響了我的修行。

虛雲老和尚生於1840年,卒於1959年,活了一百一十九歲,是當代最偉大的禪師之一。他著名之處在於自創的禪修方法、教導禪修的方式,以及對禪寺和禪法的復興重振。宋代之後,禪便漸漸式微,虛雲老和尚將唐代禪宗所發展出來的五派禪法[1],分別傳給不同的弟子,並讓這些弟子繼續推廣,因而復興了這五派禪法。儘管歷經了文革,這些禪宗的派別還是留存了下來。舉例來說,現在在

1　指曹洞、雲門、法眼、臨濟、溈仰五派。

香港教禪的聖一法師，就是溈仰宗的弟子，這一派就是從虛雲老和尚那兒傳下來的。虛雲老和尚所主持的禪寺延續了許多禪的傳統，包括四十九天的打禪傳統。我自己也是臨濟宗的傳人，傳承自靈源老和尚，他便是從虛雲老和尚那兒接受了傳法。

虛雲老和尚是備受尊敬的大師，大家很信任他，而且因為各方人士對他的尊崇，他得以主持宗教以外的事務。舉例來說，有一次他就為土匪和當地民兵調解講和。中國那時候的土匪，就像美國西部的亡命之徒一樣。一個土匪幫想要強占一個村落時，民兵就得保護那個地方。虛雲老和尚冒著生命危險去和土匪講和，好讓村裡的人能逃過一劫，免受戰爭之苦。

虛雲老和尚讓全中國的人對佛法充滿希望，並肯定佛法的好處，他也幫助這些人了解自己修行的潛能。超過五十座的寺院在他的倡議下破土興建，還有超過一百萬的人皈依在他門下，正式開始佛教的修行。

來果禪師（西元1881～1953年）則是以他的禪修工夫與教導聞名。他是浙江省高旻寺的住持，一千多年以來，這座寺院便一直以禪修及打禪閉關而出名。來果禪師指導出家眾與一般俗眾先從使用話頭（請參見第五章）開始禪修。他也寫了一本

書，按部就班地教導禪修。來果禪師同時也以擁有高素質的弟子聞名，包括目前在紐約普照寺教禪的廣賢法師，他還在福建省主持了一座寺院。

在我小時候，大寺院在一年裡通常會舉辦兩次三個月的禪修，分別在夏季及冬季。冬天太冷了，不適合旅行或在深山裡一個人打坐，所以是一個很適合禪修的季節，讓大家可以聚集在寺院裡，一起禪修。夏天則是熱得無法工作，所以也安排時間來禪修。當然，這並不表示夏天和冬天就是禪修的理想季節，但我們可以從中學習到，不要被寒冷或炎熱所困擾。

在每一座中國寺院的禪堂入口前，都會刻著一首偈子：「色身交予常住，性命付予龍天。」這是說：不要再去想自己的身體或是生命，必須全心投入到禪修中。去打禪的禪眾們事先都會被告知，在打禪期間，沒人會照顧你。如果你在打禪的時候死了，就會先被塞到通鋪的下面，等打禪結束後就會火化。這聽起來似乎很無情，但卻能讓我們捨棄所有的期盼，並且放下執著。只有這樣，我們才能好好修行。

打禪的時候，大家都在禪堂裡吃、睡、打坐。剛開始修行的人，可能會想，應該會有人指導一下，讓我知道應該要達到什麼樣的境界，難道我們

不需要知道每天的時程安排以及規矩，更別說該如何修行的基本訓練嗎？事實上，不會有任何解說，就只是照著別人那樣做就好。如果問要如何修行，可能還會被香板打呢！香板就是一根扁扁的棍子，大約有一尺長，在禪堂裡用來打禪眾的肩膀，喚他們出定，或是讓肌肉放鬆一下。

有一次我問一位法師：「我們還要打禪打多久啊？」

他回答：「打到驢年為止。」很不幸地，中國年曆裡根本就沒有驢年。他的意思是說，根本就不會有結束的一天。我們是不應該去尋求解釋的，這多少讓我有些沮喪，因為這看起來好像在盲目修行，但在當時，寺院都是用這種方法修行。出家眾一直用這種「盲目」的方法修行好幾年，但逐漸地，他們的個性與氣質就會好轉或提昇。

在禪修中，會有簡短的開示時間，用來討論修行。與禪師們對話，在修行中並不常見。如果有不尋常的事發生──像是你有了一個看似很重要的經驗，或是開悟的體驗，或是遇到難解的問題時，可以去找負責禪堂的人。他會質問你，並且考驗你，如果他認為你所體悟到的經驗很重要，就會去報告禪師。禪師會讓負責禪堂的人幫助你或選擇單獨與你見面，這種和禪師的單獨會面叫作「小參」。

通常你有可能在寺裡修行了好幾年，卻從未個別見過禪師，這也不一定是壞事。事實上，這可能正表示你的修行十分順利，禪師在開示中所提示的教導，你都做得很好，所以不需要他個別來為你解決問題或疑惑。

如今，大部分的人不會把時間花在一連好幾年不間斷的修行上，他們多半是到寺院或專門提供短期修行的禪修中心，就像我們在紐約市提供禪七的東初禪寺一樣。因為禪修的人較少，所以每個人都有機會與禪師單獨會晤。在我們的禪修中心，禪七期間，禪眾可以有四次小參的機會，兩次是和我的助理，兩次是和我。如果有特殊的情況或是突然發生什麼體驗，也可以要求特別的小參。

在小參中，禪眾只會和談話的人討論自己目前的身心狀況，或是關於修行方式的困難或疑問。禪眾來見禪師或是禪師的助理，並不是為了要爭辯或討論佛法，甚至公案，或是討論過去或未來，這些都是不必要的。小參的目的是要尋求幫助，以解決禪修過程中的問題。

當我年輕時，一個獲准進入禪師房裡去小參的人，被視為「入室弟子」，這意味著這位出家人已經有了初步覺醒的體驗或是非常接近開悟的境界了。大部分的人都沒進過禪師的房間，我在中國大

陸修行的時候，也從沒進過禪師的房裡。

禪修期間，修行者要做最基本的勞動，例如準備食物、打掃清潔等，做這些工作的同時也是在修行，它提供了一個在日常生活中修行的機會，並調整你的心。一般來說，當我們在工作的時候，心是散漫的，思緒紛飛而且心如果不是在休息，也不是在修行，就會產生緊張與焦慮。不管在做什麼，注意手頭上的工作，還有身體的動作，這樣就能一面工作，一面修行。我們讓自己的心能保持柔和、放鬆，但不要讓心緒紛飛。如果在禪修期間，就能學會這麼做，那麼在每一天的日常生活中，我們都是在修行中，這是相當令人愉快的一件事！

一般而言，我們很難在一舉一動中，時時刻刻維持修行的心境，所以要用打坐的方法來練習。每天，我們撥出時間來打坐，集中精神；而打禪的時候，則是每天花上許多時間來打坐。打坐的時候，我們就能發現自己的心念有多麼雜亂。當我們透過打坐而培養出集中精神與保持平靜的能力時，就能進而影響我們的日常生活。這就是打坐修行的目的之一。

現在再回到我的禪修故事：1949年，正值中國政權轉變，那年我在上海，才十九歲，還是個沙彌。當共產黨已經逼近上海時，窮苦的沙彌只剩下

兩種選擇：不是加入共產黨軍隊，就是加入國民黨軍隊。最後我和其他的沙彌們，一起加入國民黨軍隊，然後撤退到臺灣。在那個時候，你一旦加入了國民黨軍隊，役期就是終身的。直到十年後，我才能再度出家。而我獲准從軍中退役的最大原因，是因為身體虛弱。但是，當我在軍中的時候，便一直不斷問自己問題，這些問題在我還是沙彌的時候就已經存在了：「這一切是不是也是修行？我有沒有學到更多？我能遇見一位已經證悟的禪師，找到解答嗎？」

在臺灣，只要有機會，我就會修行，徵詢法師們的意見與忠告。我曾經問一位大師：「我該如何修行？我該怎麼做？」

大師回答：「修行？你在說什麼？你說的『修行』到底是什麼意思？只要天天把你在做的事情做好，這不就是了嗎？」那時我覺得這輩子都會被困在軍隊裡了，不能在修行上有什麼進步。即使聽了偉大禪宗祖師們的故事，也沒辦法讓我振奮起來。舉例來說，禪宗的六祖惠能大師本來只是一個樵夫，有一天他聽見《金剛經》裡的一句話，就完全能理解，即使他之前根本沒有學佛或修行，還是立刻就開悟了！我也聽過一些故事，有人只是看見、遇見佛，或是與佛陀說過話，他們就開悟了。有時

候佛陀只對某個人說了一句話,像是:「啊!你終於來了!」然後那個人便豁然開悟。

我覺得自己的業障很重,當時只要看到佛像或是遇見有修有證的法師,就會充滿了失落感。我有許多問題與疑惑,我納悶:「我並不笨,但真的沒有人能幫我了解該如何修行嗎?」我問了很多人,但沒有人幫得上什麼大忙,或是讓我受到激勵。他們總是告訴我:「你的根器一定很差,你一定業障很重。你要努力修行,懺悔、拜佛、禮佛。」

直到二十八歲那一年,我都一直被修行問題所困擾著。幸好那時我遇見了靈源老和尚,他是近代虛雲老和尚的弟子與傳人。我在軍中待了將近十年,做的是重要而又費精神的行政工作。在那段期間,我一直有疑情,那是因參禪而產生的一種強烈的非理性狀態。有一次因為我的身體狀況很差,軍隊便讓我放一天假,好好休息,我就利用這個假期去參訪臺灣的寺院。

在鄉間的路途上,我更專注於修行,而我的疑惑也更深了。我的眼裡見不到美麗的景色,心裡充滿了「為什麼?」——為什麼要打坐冥想?為什麼又不要這樣做?我該不該結婚?為什麼不該?這些問題很平常,但我卻有幾百個類似這樣的問題,全部都圍著一個大大的「為什麼」在打轉。問題本身

是什麼其實並不重要，是這些問題匯聚在一起，造成了疑情。

後來我來到了一座寺院。當時我雖然穿著軍裝，但寺裡的出家眾依然將我視為他們的一分子。他們讓我與另外一位訪客──靈源老和尚，一同在通鋪上過夜。一開始我並不知道那位出家人是位大師，我只看見一位安詳沉靜的老人。到了晚上，靈源老和尚開始打坐，於是我也跟著坐在他的身邊。過了一段時間，我小心翼翼地問他：「請問我可以問您一些問題嗎？」

靈源老和尚說：「問吧！」

我從自己的許多問題問起，每問完一個問題，他就會說：「就這樣？」

連續問了快兩個小時，我變得很迷惑，也有點沮喪，心想：「他一直問我還有沒有問題，但卻一個問題都沒回答，這到底是怎麼回事？」但我仍然繼續問下去。

最後，靈源老和尚又問一次：「還有沒有問題？」我實在很困惑，於是遲疑了。這時，靈源老和尚用力敲了一下床板，發出很大的聲音，嚇了我一跳。他說：「把你的問題都拿起來，然後把它們放下吧！是哪個人有這些問題呢？」

在那一刻，我所有的問題都消失了，整個世界

也改變了。我的身體直冒汗,但卻覺得格外輕盈,我的世界整個改變了,以前的那些問題,立刻變得很可笑,過去的那個我,也成為一個很可笑的人,我覺得自己好像拋下了千斤重的負擔。第二天,老和尚問我:「你睡得好嗎?」我回答:「非常好!」

當時,那是我人生最重要的一次經驗。在那之前,我一直努力去解讀佛教經典或是禪師們的語錄;在那之後,不用任何解釋,我馬上就能了解它們在說些什麼,覺得它們好像就是我自己說的話一樣。在這以前,我會納悶:「這個字到底是什麼意思?這段話或是這個表達方式的背後,有什麼重點?」現在我明白了,字就是字,如此而已。如果你能了解字面背後的意義,那很好;如果你不了解,那也很好。人們聽我說法,問我關於修行與人生的問題,有些人了解我說的話,有些人則否,不管哪一種,都很好。

然而這個經驗並沒有因此讓我所有的苦、困擾以及煩憂消失,我仍然可以察覺到它們。這些問題,從外在上看來,已經不那麼明顯,但我自己心裡知道,在某些狀況下,這些問題依然會影響我。

苦,可以是一種「理念」,因錯誤的見解而起;它也可以是「現象的」,因貪、瞋、癡而起。由不正確的見解所引起的苦,可以用「正見」來消

除。由貪、瞋、癡引起的苦則是更基本的，因為貪、瞋、癡是無始即有的。要消除它們就必須修行。修行，包括觀禪及修禪，像是打坐、經行、念佛、拜佛、讀經以及觀心，都能從根本拔除苦。

　　與靈源老和尚相遇後，我的問題與煩擾不安都消失了。儘管我的世界大大改變了，但煩惱的根仍留著，只有經由修行才能拔除。即使你已經看見你的本性，但當煩惱發生時，仍會造成苦。不過，你會清楚地察覺到煩惱的生起，並且知道這就是煩惱。

　　我要說明一點，不要以為只要有一點點的開悟就能袪除所有的煩惱，事情不是這麼簡單。如果有位禪師宣稱他所有的問題與煩惱都不見了，別相信他！我仍然是個凡夫，而且仍舊需要定時修行。事實上，我從沒見過任何證據，說哪位祖師或是禪師宣稱他不再有煩惱，或是他已經成佛。不過，在第一次體驗開悟之後，你的煩惱雖然還沒有消失，但你的信心會變得非常堅定，而且一旦窺見了自己的本性，信仰就有了堅固的基礎。

　　在我與靈源老和尚相遇的經驗之後，我感覺到強烈的需求，想要繼續修行。經由幾位師父以及鄭介民上將的協助，我設法從軍中退役，再次成為一位比丘。

我是東初老人的弟子，他相當受到尊敬，同時是臨濟宗與曹洞宗的傳人，也擔任他所創辦的《人生》雜誌編輯。東初老人對我的態度算是「刻薄」。他會告訴我要去拜佛，但幾天之後他又會說：「這不過是狗吃屎，讀佛經去！」

之後我會讀上好幾個月的佛經，然後他又會說：「祖師們認為佛經只對清瘡口有好處，寫篇文章去！」

當我寫好文章後，東初老人又會把我的文章撕掉，說：「這都是偷來的點子。用你自己本身的智慧來寫，說點有用的東西出來！」他甚至要我把某個房間的門封死，然後在另外一面牆上，再開一扇新的門。

那時候，我內心依然察覺得到苦的痕跡，我也知道，在某些情況下，它會顯現出來，因此，我做了三十天的拜懺。

之後，我想要在南臺灣的一座小寺院裡進行三年的閉關修行，但是那裡卻沒有能供我使用的房間，我也沒有資金去蓋一棟小房子。一位居士得知我的情況，便捐錢蓋了一棟閉關用的小屋，於是在1961年，我展開了六年的閉關修行。

入關前有一個小小的儀式，只有幾個人參加，儀式中我被象徵性地「封」進了小屋裡。從閉關修

行的那一刻起,我的心便非常安詳平靜,而且覺得非常快樂,好像已經找到了真正的家。我一天只吃一餐,吃的是自己種的番薯葉。小屋有一個小院子,從前面望出去,可以望見一處斷崖。雖然我身處鄉間,卻從不覺得自己被封閉起來。因為沒錢去買已經做好的供桌或是佛像,於是我在屋子裡自己做了一張小桌子當作供桌,上頭放了一張小小的釋迦牟尼佛畫像。屋裡沒活水可以用,也沒電,我要自己去泉水處取水,也在那兒洗澡。大約一年後,有人供給我一座油燈,但我卻沒錢買油來用。

一開始我並沒有將全副心力放在打坐上,而是將時間花在拜懺與拜佛。我所使用的拜懺儀式叫作「大悲懺」,以觀音〈大悲咒〉為基礎。我也用《法華經》來拜佛,一字一拜,一部經大約有八萬字。這聽起來好像要拜很多次,確實如此。但我聽說,在藏傳佛教裡也有類似的修行,只是修行者要做十萬次大禮拜,我想,根據藏傳佛教的標準,我還差得遠哩!

如此修行了半年左右,我開始專注於打坐,同時也讀佛經。閉關期間我也寫了一些文章,包括兩本書:《正信的佛教》以及《戒律學綱要》。原本我打算閉關三年,但三年一下子就過去了,於是我決定再多閉關三年。然而我的眼睛出了問題,只好

中斷修行，先去治療，六個月後，才又回來繼續之後三年的閉關修行。

我在1968年3月出關後，覺得應該是開始弘法的時候了。我想教導人們佛經的內容、佛陀的教誨以及修行的方法。在那個時候，臺灣在修行上的水準並不高，比丘與比丘尼們的教育水準也不是很高。有位基督教傳教士更是特別抨擊我，批評佛教的出家人甚至無法讀書識字、理解佛經。我認知到佛教界需要具有高教育水準的修行者，於是決定前往日本立正大學進修。日本在佛學知識的學習方面，有著深厚的傳統，我想我可以將所學到的東西帶回臺灣，並努力提昇臺灣佛教教育的品質。

在日本，我把時間一分為二，著重在求學與修行上。學校放假的時候，我便繼續修行。在日本的許多主要寺院裡，我跟隨臨濟、曹洞以及淨土宗的大師們修行學習，特別是伴鐵牛老師，他是原田（祖岳）老師的弟子。原田老師在日本東北有座寺院。我有好幾個冬天，都隨他一起打禪、修行，他給了我「印可」，那是一種正式的認證，說明這個學生已經同時完成了臨濟宗與曹洞宗的修行訓練。我離開他時，他建議我到美國去弘揚禪宗。

六年後，我完成了博士論文，算起來是非常快的。1975年我回到臺灣，待了一段時間後，便

被美國佛教協會邀請到美國，擔任紐約州布朗郡大覺寺的住持。我不知道怎麼幫助當地的人，因為我對美國人了解不多，英文也很破，但我還是去了美國，在寺裡生活。很快地，人們便開始來寺裡找我，尋求修行上的指導。

在美國待了一段時間後，我回到臺灣參訪，拜見我的兩位老師父。之前我並沒有成為他們的傳人，因為我離開他們去閉關，之後又去了日本，所以這次我同時接受了禪宗兩門法脈的衣缽。

我告訴這兩位師父：「我現在在美國教禪，您認為可以嗎？」

他們的反應是：「哈！你覺得你能教禪了，是嗎？」

我回答說：「我只是騙騙人而已，不用擔心！」

他們說：「喔，這樣的話，那就好。」

之後，我也開始在臺灣教禪，也是一樣在騙人！

當我開始教禪的時候，回想起自己當年學會如何修行的過程有多艱難，而且還花了很長的時間。從來沒有人和我討論過修行的方法以及修行所經歷的次第，於是我決定自己教禪的時候，可以把這些先講清楚。雖然禪不立文字，也沒有技巧或階段，

但佛教經論裡的確有討論到禪修的方法和修行的次第。

　　努力修行，慢慢修行，就能有成果，這是我自己在年輕時所經歷的修行方式，即使從沒有和人討論過，但這種修行方法是基於一個觀念：只要慢慢地努力，就會有好的進展。只不過你要今天的人們去相信這種看似「盲目」又沒有方法的修行——緩慢、不慌不忙的進度——他們可能不太有興趣。現代人認為自己太忙，沒有時間花在這種修行上，也不明白這種修行的確是有用的。在今天，重要的是教他們修行的方法與進展的次第，這樣能讓他們具備一個努力的基礎，然後才能從修行中得到益處。

第五章

禪修的方法與層次

　　禪修能讓我們解脫,並且得到智慧。藉由禪修,我們能從自我以及苦中得解脫,隨著解脫而來的便是清淨的心或是智慧。所有的修行都要從自我反省開始,貪、瞋、癡、慢、疑會導致苦,這些都是自我中心,是因為對身心的執著而起,而我們的身心不過是一連串不斷變化的物質與思想。對身心所產生的執著,會讓我們做出錯誤的判斷,就像我們會有好、惡的感覺一樣。

　　佛教的修行方法,能讓人放下自我、減輕痛苦,也能幫助我們更了解佛陀的教導,包括因果、因緣以及慈悲,並讓這些觀念深植於我們的日常生活中。

　　禪修時,鍊心的方法可以分為三個層次。第一個層次是把散亂的心念集中起來;第二個層次,則

是從集中心進展到統一心的階段；最後一個層次，是連這個統一心都放下，達到無心的境界。到了最後這個階段，已經放下了自我，並且證得智慧。然而，光是透過禪坐來修心是不夠的，日常生活中的一言一行更是重要。身體的行為、話語以及念頭，組成了佛教徒所謂的「三業」（身、口、意），如果在這三方面能符合戒律，那麼就是在守戒了。相反的行為則會破壞戒律——也就是佛教的道德教誨，這樣一來，修心便不會成功，智慧也無法顯現。

散亂心是很容易觀察到的，在這種狀況下，念頭會隨意來去。想要了解我所說的，可以做一下實驗：伸出你的食指，然後看著它大約一分鐘，只要看、放輕鬆地看，什麼念頭都不要想。

你能看著手指，不想事情嗎？如果不行，那麼你的心便是散亂的。如果帶著散漫的心做事，就沒有辦法完全發揮你的能力。如你所見，即使要把心集中，也不是一件容易的事！

要如何把散亂的心念集中起來，達到統一心，最後達到無心的境界呢？那就要用禪的方法。

隨息與數息這兩種方法，是佛陀在《安般守意經》裡所提倡的，現在仍然常常用來當作集中心念的方法。在隨息的方法裡，把注意力放在鼻尖，不

要試著用任何方式來引導呼吸，也不要管你的呼吸是長還是短，是深還是淺，只要能被動地知道每一次呼吸，氣息是從你鼻孔進入即可。

當你的心已經平靜下來，就可以開始數息。每呼一次氣，就數一個數目，從一數到十，然後再從一開始數，你的注意力不應該放在呼吸上，而是放在數目上。不要試著去壓抑你的妄念，如果這樣做，一開始的時候，看起來好像成功了，但隨著時間過去，你會開始覺得不安，反而會出現更多的妄想雜念。不要去管那些雜念，它們就會自己慢慢消退，讓心完全放鬆，當你發現自己的心又開始神遊了，只要再繼續數息即可。如果你能不刻意去追求舒適愉悅或是排斥不舒服的感覺，便自然能集中注意力。修行禪法的人，也應該在日常生活中維持這樣的態度，遇到困難如果產生煩擾，只會難上加難，只要維持平和與不對抗的態度，所有的壓力與緊張都會自然消失。

如果你的心非常散亂，可以讓數息的方法變得更複雜一些，像是倒數，或是只數奇數或偶數。如果數不到十，那也沒關係，不要覺得失望。如果數錯了，也不要覺得後悔或是焦慮。因為一旦緊張又焦慮，不管怎麼做，這個方法看起來都會很艱難，你便無法好好善用它。不管你犯了幾次錯誤，只要

保持愉悅與放鬆的態度，回頭再從一開始數就行了，這時候你應該要覺得高興，因為你覺照到自己剛剛犯了一個錯誤！

注意呼吸或是數息，事實上是在觀無常。呼吸、身體的一舉一動以及數目，這些隨時隨地都在持續不斷地改變中。心念就和其他事物一樣，也是不斷生滅的。「我」的觀念是由心所產生的；或是說，是由對心的執著所產生的。我們是如何對心執著呢？舉例來說，我們執著於自己的想法，並且捍衛它，但我們的想法與觀點明天又會改變。

當我們體驗到心念如曇花一現的本質，也就同時體驗了「我」的稍縱即逝。心無法獨立存在於外界，與心有密切關係的「我」也一樣。體驗無常是修行中最重要的一種體驗，如果能直接認知到，每一個念頭都是無常與無我的，這就是智慧。

要從苦中解脫，得先了解無常這個概念，而要了解這個概念，必須親自去體驗。為了要解脫，我們必須守戒，並且精進修行。修行要用智慧，這樣才能直接體驗到解脫，這就是悟。我說的不是世俗的智慧，而是般若智慧，在佛教裡就是心靈上的智慧。體悟智慧的人，不會被欲望或憤怒所驅策，相反地，他會自然去回應周遭發生的一切，以幫助其他眾生體驗智慧。

每一種修行方法,都能讓你的心達到微妙的清明境界。當在數息的時候,你會愈來愈集中精神,直到好像沒有數字可以數了,而且也沒有呼吸了。如果這時候你的心境明朗,並且能一直保持這個狀態,那麼這是達到基本層次的統一心境界,也就是在散亂心之後的下一個階段。你與你的修行方法已經合而為一,身與心不再是分開的,而是融合在一起,達到統一的定境。你可能會覺得自己的身體失去了重量,然後消失了;你所真正體驗到的,是身心完全合一的狀態與心的集中。

在統一心的中階層次裡,不論你的身體感知到什麼,你會覺得所見、所聞都和你自身是一樣的。你的感官不再有分開的不同功能,你所看見的、聽見的,也不再有分別。接著,這樣的統一心狀態可以持續加深,愈來愈純淨,直到你覺得內與外或是你與環境之間不再有分別,感覺起來就像一與二之間已經完全合而為一。

念頭之間的分別或分歧也消失了,只有一個穩定的、專一的定境,或連續的專注狀態,也可以說只有單一的念頭,這就是較深層次的統一心狀態。

如果這樣一個念頭消失了,統一心狀態也會消失,那麼就會體驗到無心:看見自己內在的本質。當這個單一的念頭消失後,使這個念頭存在的

自我執著也就消失了,這就是最後的階段——從定境(也就是統一心)的粉碎以及消失,進而達到無念或是無心。這不只是禪的目的,同時也是禪修的方法。

也有其他類似數息的修行方法。譬如中國人常常念阿彌陀佛的佛號,以此當作一種集中心念的方法,這種方法的作用就和數息一樣,也能讓我們達到統一心,甚至是無心的境界。

另外一個常用的方法,就是「只管打坐」。這個方法是從曹洞宗的默照禪所衍生出來的,是日本道元禪師(西元1200～1253年)所使用的,傳承自中國曹洞宗的如淨禪師(西元1163～1228年)。

「只管打坐」的意思,從字面上來看,就是只要打坐就行了。在打坐的時候,感覺你的身體,重要的是,你要感覺的是整個身體,而不是只管一部分而已。即使你身體的一部分產生了知覺,像是痛、癢、冷,甚至是愉快的感覺,仍要繼續去感覺你的整個身體。如果能做到這一點,身體局部的感覺就不會太困擾你,畢竟那只是你感覺中的一小部分而已。

當雜念妄想消失的時候,你就能清楚感覺到你的身體坐得很直、很正,也能清楚感覺到當下,誰在打坐?是你在打坐,但是看你自己的時候,不要

好像在看別人。當這個只管打坐的修行方法更為深入的時候，你的身體和環境成為一體，你不會再將它們視為是分開的，而你的心念也能統一，達到一心。如果持續打坐，便能繼續體驗打坐禪修的更深境界。

修行人可以一直使用數息、念佛或是只管打坐的方法來修行。但是，在禪的修行方式中，達到統一心的境界之後，常常會用話頭、公案或是默照禪的方法來打破統一心的狀態，進而體驗無心。

話頭是讓你「參」的一個問題。話，就是文字；頭，則是指開頭或是源頭。用話頭修行的時候，我們想知道的是：在字義或是象徵性的描述出現之前，那裡到底有什麼？大慧宗杲（西元1089～1163年）是提倡話頭最力的大師。我們今天最常用的話頭有：「我是誰？」、「什麼是無？」、「念佛的是誰？」以及「拖著死屍走的是誰？」。

在參話頭的第一個層次，你只要念話頭即可，這樣便能漸漸集中精神，就像數息或是念佛的第一個層次一樣，即使只能把這一點做得很好，那也很好！接下來的層次，就是開始問或是質疑話頭。在這個層次裡，話頭的特質開始變得明顯，最後，你的質疑開始有了意義，接著你開始想要參究話頭的

真正意義,這時候你已經準備好去「參」話頭了。

當你致力於參話頭的時候,會生起疑情。你極想要知道問題的答案,於是緊緊抱著這個話頭在參,因此你的思路很難被其他東西打斷。你就像一個餓壞了的小孩,手裡拿著一塊糖,其他東西不會讓你分心,你也不會放下手裡的糖果。

當我在山裡修行的時候,有一天,我從居住的小屋階梯上走下來,心裡突然充滿了疑惑。我想:「是誰剛剛從階梯上走下來?是我。但是,是誰站在這兒?也是我。那麼剛剛走下來的那個我,與現在站在這底下的我,是一樣的嗎?還是我是兩個不同的人呢?」我沉迷在這個問題裡,那天甚至連飯都沒有吃。

在這個例子裡,疑情是自動生起的。這種自然生起的疑情,力量很大。不過大部分的人並不會主動生起疑情,所以要用方法,像是參「我是誰?」的話頭,來幫助他們生起疑情。如果修行得很投入,這樣的問題對你的意義會十分重大。

有次在臺灣的禪修營中,我看到有位學生已經成熟了。我問他:「你叫什麼名字?」

他回答:「我叫陳某某。」

我指著貼在他蒲團上方的名牌,對他說:「不對,陳某某在那兒!」

他說：「我在那兒做什麼？」

他沒有弄清楚他自己是誰。二十多年來，他一直以為他的名字就是他的人，但現在他明白了，他的名字和他的人一點關係都沒有，那麼他是誰？這個疑問在他的心裡生起了。疑情生起的感覺，就像身處在伸手不見五指的房間裡，但是你知道外頭一定有光，而且也很想知道那光到底是什麼。

如果話頭這種方法對你來說，就像嚼棉花一樣，完全食之無味，那麼你仍然處在念話頭的階段。如果在修行中，你很容易被打斷或是分心，那麼你也還在第一個階段。當你開始認真地問話頭的時候，你已經有了真正的渴望去參究這個問題。這種想要參究問題的渴望是無法假裝的，你必須非常集中精神，並且真正專注在方法上。你也不能用自己的知識去思考這個問題，然後想出一個答案，這樣不會達到統一心的境界，甚至還會打破統一心。

當你對話頭的參究愈來愈強烈的時候，你的疑情便會變成「疑團」。在這時候，你不再對自己的身體、這個世界或是任何其他東西有感覺，你只是不斷地參究這個疑團。同樣地，這就是統一心的境界。

要分辨修行者是否進入疑團，是很重要的。在疑團產生之前，禪師可以讓精疲力竭的禪修者先

行休息，休息時間的長短則視他疲累的程度而定。但是，在進入疑團的狀態之後，禪師會不斷驅策修行者，就像在驅趕著一大群野生動物一樣，不能停下來。如果一個人身體很健康，當他產生疑團的時候，不論他修行得有多辛苦，身體都不會受到傷害。這是因為在這個階段裡，他與宇宙已經完全和諧一致，而他也能得到這個宇宙的力量。禪師必須不斷逼促修行者，往前再往前，不斷往前，直到虛空粉碎，統一心的境界被打破，顯現出無心的境界。

話頭可以是一段話、一句話或是一個問題，你要去追根究柢，抓住根柢的意義。而公案原指「官府判決是非的案例」，在佛教裡指的是一個完整的事件，你參究整個事件，以便了解它到底想說什麼，即使故事看起來似乎古怪又無法理解。

南泉普願禪師（西元748～834年）斬貓的故事，就是一個公案。有一天，寺裡的兩群和尚們正在爭論有隻貓到底該屬於誰，這時寺裡的住持，也就是南泉禪師，外出後回到了寺裡，見到和尚在爭吵，抓起貓就問：「說！」他要這群和尚說句話，證明他們對禪的領悟，「說了你們就能救這隻貓。」

但是沒人膽敢說話，於是南泉就把這隻貓斬

成了兩半。之後，他的一位開悟的弟子趙州回到寺裡。當南泉告訴他這個故事的時候，趙州把鞋子脫下，放在頭頂上，然後離開了房間。

南泉說：「如果他早點回來這兒，那隻貓就不用死了。」

用公案來修行，就是去問：「這個故事到底要說些什麼？」不過，修行人對於如何使用公案，常常會有誤解。當公案發生的時候，它是一個活生生的事件；但發生之後，它就是死的，你沒辦法光靠它的大意和故事進展，就認為它可以在你身上加速轉變的來臨。這是不可能的！如果你問我問題，問上好幾個小時，就像我之前問靈源老和尚那樣，然後我敲一下拳頭，說：「把你的問題都放下吧！」就像他做的那樣，你認為你就會見到自性嗎？

每個人都有自己的環境或因緣，當因緣成熟的時候，發生在我身上的事情就會發生，但這不是說你可以去期盼因緣自己會成熟，而是需要經過修行的。

有不少人讀完了公案與其他關於禪師們的故事後，便會試著實際上演這些故事內容，為他們自己尋找相同的結果。譬如說，有人會仿效大愚禪師與臨濟的相遇。臨濟是黃檗禪師的弟子，每次他想問問題，黃檗就會打他一下。之後臨濟跟著大愚學

習，大愚對他說了一件事，讓他發現其實黃檗禪師對自己是很仁慈的，然後他便開悟了。

有個參加禪修營的人讀了這些故事，就在我用香板打他的時候，抓住了香板，還想試著打回來。我捉住香板，問他：「怎麼，你以為你開悟了嗎？」

他回答：「啊！你看見我開悟了！」

我回答：「你還沒有開悟，所以不能打我。」

你不能藉由模仿他人來開悟，但是，其實你是可以經由任何事情來達到開悟的。你可以在插上電視機插頭的時候開悟、在遛狗的時候開悟，或是被別人打的時候開悟。開悟靠的是你的心靈是否已經成熟、完備，準備好了之後，任何事情都可以變成開悟的催化劑。我們要如何才能做好準備？那就是遵守戒律（正行）、對佛法有正確的了解（正見）以及使用禪法（正定）。

明朝的憨山大師教導他的弟子，用一個字來修行：「捨」——也就是去「放下」，這也是一種話頭。憨山生於1546年，卒於1623年。他最初修持淨土宗，並遵循淨土宗念佛的修行方法。二十歲的時候，有人教他話頭禪：「念佛的是誰？」二十八歲的時候，他定居在憨山，於是便以其山為名。三十一歲的時候，他入定的工夫便到了很深的境界。

之後,他讀《楞嚴經》而「印證了自己的悟境」。四十歲的時候,他又有了另外一次深妙的領悟。

憨山大師是如何教禪的?「放下」又是什麼意思?那就是:一旦有念頭生起,就馬上拋下。拋下的意思,不是說去抵抗它或是試著把它丟掉,而是心一定要放鬆,然後無視這些念頭。當你集中精神在修行方法上時,很容易就會出現妄念,尤其是在剛開始的時候。不要讓那些念頭打擾你,不要去管它們,繼續專注在方法上。如果你在打坐的修行中,一直沒有進展,那大概是因為你還沒有辦法放下。

妄念所產生的問題,有兩個類別:第一種,你注意到那些念頭了,卻沒有辦法讓它們離開;你愈試著趕它們走,愈多的妄念就會冒出來。或是第二種,一開始你沒注意到這些妄念,等你終於發現自己的念頭很亂的時候,你早已經脫離了軌道,被一大堆妄念牽著鼻子走了。

第一種問題,就像是吃甜食的時候,有一大堆蒼蠅圍過來。如果你揮手驅趕牠們,這些蒼蠅只會暫時散開,不久又會再聚回來。解決這個問題最好的方法,就是不要理會那些蒼蠅,只要你把食物吃完了,那些蒼蠅自然就會消失。如果你專注在修行方法上,不去試著把那些念頭推開,它們自然就會

消失的。

第二種問題,很像在騎馬的時候打盹,所以你不知道馬已經走偏了,牠四處亂晃,到處吃草。等你終於發現自己走偏了,可能已經過了不少時間。當你發現念頭走偏的時候,不要懊惱,焦慮只會生起更多的妄念。不要為過去發生的事情後悔,而是要放鬆你的心,回到方法上。

「放下」的修行,有許多層次。第一步就是把過去和未來放下,只專注在現在。這聽起來很容易,其實不然,因為所有的妄念都和過去與未來有關。第二步就是放下當下,當下是由兩個部分組成的──「外」,或是環境,以及「內」,「內」又能更進一步分為身體與心。首先我們必須放下環境,因為妄念是因身體感官與環境接觸而生。溫度、車子、鳥、風以及人所製造出來的聲音、光與黑暗等,都會影響我們,讓我們生起妄念。既然要在一個外界無法打擾你的地方打坐是不可能的事,那麼唯一對應環境的方法,就是放下。在你把注意力完全放在身與心,而不是環境上之前,你會體驗到因外在所引起的一切知覺,但不要讓它們打擾你,而是要在它們生起的時候,放下它們。

放下環境之後,第三步就是放下你自己。首先,放下你的身體。從前,有位偉大的禪修者,總

是在打坐的時候睡著,為了要解決這個問題,他把打坐的座墊放在懸崖邊的一塊石頭上,他知道只要自己一打盹,就會摔下去死掉。像這樣的人,能夠修行得非常好,因為他不再在乎自己的身體,如果修不好就隨時準備死去。如果你擔憂自己的身體或是仍感覺到身體有不舒服,甚至舒服的感覺,那麼你永遠無法進入一個純淨的安定狀態。

很多人都以為,放下身體比放下環境簡單,事實上,要不去注意你的身體,是一件極難的事情。不過,如果你專心一意地照方法修行,最後你甚至會忘記身體的存在,而只有定的狀態會持續著。到了這個層次,定下來的心會更深入,而達到統一心的境界。

除了話頭與公案,我應該再提一下另外兩件事情,雖然它們其實也用在其他情況中,就是:「機鋒」(禪悟的良機)與「轉語」(轉念的話語)。一般來說,機鋒有兩種:有時候一個人正在修行,而且修行得非常好,但就是無法提昇到一個新的境界;這時候,禪師可以主動給他一個突然的動作,做為引發改變的契機。舉例來說,修行者非常渴,於是禪師給他一杯水,就在他快要拿到杯子喝水的時候,禪師一把抓住杯子,把它扔到地上摔碎,然後問:「你還要一杯水嗎?」這樣的事情會有很大

的幫助。這就是第一種機鋒。

第二種機鋒，是禪師間特別的對話，字面上聽起來沒什麼意義，甚至自相矛盾，但內含的意義卻是深奧微妙的。舉例來說，一位禪師可能會說：「東邊的山上在下著雨，西邊的山濕了。」另外一個禪師可能會這樣回答：「一隻泥牛走進了海裡，從此再也沒聽過牠的下落。」這一類文字被記錄下來之後，有時候就變成了公案。

轉語指的是「轉念的話語」，它能讓修行者的觀念與態度轉向。有一個例子，就是百丈禪師（西元720～814年）與狐狸的公案。有一次，當百丈禪師在說法的時候，一位白髮白鬚的老人就坐在聽眾當中，說法結束後，老人走向百丈，說：「大師，請賜我一個轉語。五百世之前，我就已經是一位比丘了。當時，我告訴一個人，說一個開悟的人是不受因果約制的。從那時候開始，我就一直生為狐狸，一世又一世。你能不能為我開示，好讓我不再轉生為狐？」

百丈說：「不是『不受因果約制』（不落因果），你應該要說『不違背因果』（不昧因果）。」

聽到這句話，老人非常高興，磕了三個頭後離開了。隔天，百丈和他的弟子發現了一具狐狸的屍體，他們便以比丘的禮節，埋葬了這隻狐狸。

這則公案顯示，短短幾個字，就能讓我們深深執著的觀念「轉向」，帶來很大的利益。

當高峰原妙（西元1238～1295年）一直參不透「什麼是無？」這個話頭的時候，他遇見了雪巖祖欽禪師（西元1216～1287年）。雪巖問他：「你已經修行了這麼久，那麼現在，你在白天做得了主嗎？」他問的是高峰是否能控制他的念頭與行為，不會去想他不想要想的，也不會去做他不想要做的。

高峰馬上回答：「是的，我可以！」

雪巖問：「那麼，在睡夢中，你做得了主嗎？」

儘管修行這麼久，高峰還是被難倒了。他不斷對自己重複這個問題，卻找不出答案。於是雪巖告訴他：「從現在開始，不要研究佛法了，也別讀經論了，只要好好修行就好。該怎麼修行？餓了就吃，累了就睡，睡飽了就起來修行。」

從那時起，高峰便很留心雪巖的教誨。他餓了就吃，累了就睡，並且非常努力修行。他做些什麼修行呢？他不斷用話頭問自己：「誰在做主？」他用這個方法修行了五年，即使是在睡夢中，他也還在問自己：「我是誰？」因為這個問題讓他產生了疑團。我們應該要記住一件事，就是在開始用這個

話頭修行之前，他就已經達到非常高的修行境界，他集中心念、入定的工夫都非常深；在白天與睡夢中，他都是自己的主人。

有一天晚上，他從睡夢中醒來，伸手想去摸枕頭，結果枕頭從床鋪上掉下去，發出「咚」的一聲。一聽到那個聲音，他的疑團就破了，統一心的境界消失。高峰大喊：「哈！現在我找到你了！」他覺得自己好像從一個伸手不見五指的桶子裡爬了出來，看見了外面的光！

在話頭與公案的修行中，從統一心轉變到無心，催化劑就是疑情。不過，也有其他修行方式，用不同的方法來促成這種轉變，其中一種就是默照禪。

「默照禪」是最直接的修行方法，因為禪不是你能用想的，或是用文字、語言來描述的。提倡默照禪最力的，是宋朝的宏智正覺禪師（西元1091～1157年），但最早的使用紀錄，至少可以追溯到菩提達摩的時代。默照是曹洞宗的主要修行方法，因此，從曹洞宗的觀點來看，每一個初學禪的人都應該先使用這種方法。

默照的修行方法，就是捨棄所有的修行方法，沒有方法，就是方法。我們在心非常散亂的時候，用數息來集中精神；心平靜的時候，用話頭和公

案,但這並不是表示你一點念頭都沒有,用這兩個方法,是為了讓你不斷去思考問題,直到不再有任何念頭。但是,當你正在使用默照的方法時,心沒有任何念頭,放下一切,直接體悟禪境本身。

「默」不是指你的心是空白的或是睡著了,它甚至也不是指什麼聲音都沒有,而是指沒有念頭——你的心沒有在動。「照」則是指你的心很清明,在「照」中,你可能沒有察覺到環境、空間與時間,但是你會非常清楚地察覺到自己的心,這種察覺是純粹的意識,而不是念頭。

我已經描述了許多方法,可以讓修行者在打坐時集中精神,並培養智慧,但禪並不是只有這些方法而已。「慈悲觀」是能幫助我們消除瞋恨的方法,並且對眾生生起慈悲,它不像之前用來集中精神的方法那樣具體,例如將注意力放在數字、呼吸或是身體上,而是用抽象的觀法。

慈悲觀的修行,包含了領悟眾生之苦,並幫助眾生減輕苦難。一個人要努力將幸福快樂帶給眾生,不管是藉由在日常生活中幫助他們,或是幫助他們開悟。一個修習慈悲、懷著菩提心的人,會想辦法去幫助其他人由苦難中解脫,不論是心理上還是身體上的苦難,而且,如果因緣具足,也會幫助這些人從佛法中得到快樂。

在佛教裡，我們對所有眾生都心懷慈悲。佛教傳統上將眾生分為兩種，一種是能夠體驗苦的動物與人；另外一種是植物，佛教徒認為，植物並不會體驗痛苦。佛教徒相信所有的眾生皆有佛性，並且最後終能成佛。

　　慈悲觀的修行有五個層次。第一個叫作「觀眾生」，去觀我們一般如何把眾生分為三個類別：有利我們的人、有害我們的人以及與我們沒有利害關係的人。仔細想想，你說不定會注意到，這也是你如何看待其他人的依據之一。舉例來說，一個開車載你去機場的朋友看起來是對你有利的；你想放假，老闆卻不讓你放，他看起來就是對你有害的；而在超級市場裡，站在你後邊排隊的那個人，則看起來和你沒有利害關係。

　　慈悲觀的第二個層次，就是「觀自身」。當我們與眾生互動的時候，通常會體驗到兩種感受：喜歡與不喜歡。為什麼會有這些感覺？這是因為在當下的互動中，我們自己在身心上所認知到的利害影響。因為對自己的身心有執著，所以有了喜歡與不喜歡的感覺，但我們應該要記得一件事，那就是：身心是無常的，只是一連串無止盡變動中的物質與念頭而已。

　　我們所想像的身與心，其實都是錯誤的認知

與妄想。我們以為自己是永恆不變的，而且是宇宙的中心，但一個宇宙能有幾個中心點？每一個人都認為自己是獨立的，每一個人都是一個各別的「我」，但如果沒有別人的支持，我們又能存在多久？

如果能放下錯誤的認知，就能不執著於身心，也沒有理由在與別人的互動中，覺得喜歡或是不喜歡。舉例來說，如果我們認清自己的意見是無常的，而且會不斷改變的，就沒有必要去執著它，也沒有理由不喜歡反對我們意見的人。因執著而起的感覺，像是喜歡或不喜歡，都是基於對自己身心的錯誤認知。

慈悲觀的第三個層次，就是更近一步地去觀察自己在與他人的互動中，究竟發生了什麼事。我們觀所有的互動，將它當成是一個個體與另外一個個體的接觸。讚美或譴責，不過是傳到耳朵裡的聲波震動而已；他人的行為，像是微笑或皺眉，也不過是眼睛所接受到的光線而已。身體就像是一個幻覺，那些外在的、物質的現象，也不是真的。一旦我們了解這一點，在聽與看時，就不會再生起喜歡與不喜歡的感覺，而且也能平等對待眾生。但在這個層次中，我們還沒有生起真正的慈悲心，因為對於那些不真實的外在感覺，以及只和我們自己如幻

的身心有關的如幻眾生，我們怎麼可能會產生慈悲心呢？

　　修行慈悲觀的第四個層次，又回到了觀眾生，然而，這一次觀的重點是放在眾生的苦。因為無知，所以我們受苦。我們不知道自己為什麼要做這些事？我們可能快樂或是憤怒，但卻不知道自己為什麼會隨著這些情緒起舞，由於對許多事情執著，例如地位、財產、家庭、健康、才智，而且害怕失去它們，因此，我們受苦。

　　除此之外，眾生在身心上都是不自由的，這也造成了苦。有些事情，我們知道該去做，但卻沒有去做，就像布施與慷慨助人；有些事情並不想去做，但還是去做了，像是為了雞毛蒜皮的小事生氣。有時候，好像身體裡面有兩個自己，彼此掙扎著要往不同的地方去！

　　我們也因為出生、老化以及死亡而受苦。在非常短暫的生命中，每一個人都必須忍受身心上的各種苦難與煩惱，像是生病以及失去所愛，即使是孩子們的自然成長、離家，也會造成苦。因為這些我們都必須經歷的苦，我們應該對所有的眾生都心懷慈悲。

　　慈悲觀的第五個層次，同樣也需要去觀其他人，將他們一律視為平等，將之前那三種別人──

對我們有利、有害以及無利害關係的人——結合起來。這要怎麼做？當體驗到自己與其他人的關係不是固定不變的時候，就能做到了。說到三世——過去世、現在世以及未來世——我們沒辦法說，那些與我們在這一世親近的人，在過去世裡的某段時間，不是我們的敵人，反之亦然。親近或敵對的關係，並不是絕對不變的。從這一點來看三世的話，所有的眾生在過去都曾與我們有過某種互動，而且或許在未來也會同樣與我們有互動。從這個觀點來看，我們可以將眾生都視為平等，而對他們心懷慈悲。修行慈悲觀的這五個階段，能消除自我，並且培養慈悲。

「拜佛」是另一種能幫助我們生起慈悲心的修行方法；也可以用拜懺來承認自己的缺點以及過去對眾生所造成的傷害，並且感恩三寶（佛、法、僧），進而生定；或是我們也可以做「無相拜佛」。

拜懺需要慚愧心。每次講到這一點，我都有溝通上的困難，因為英文裡並沒有一個字能完全涵蓋中文這個詞的意義。「慚」（shame）與「愧」（humility）的英文各有其涵義，而且與中文不太相同，但這兩個字是目前最接近的字了。如果我詳細描述，可能你就會了解。

為了要生起慚愧心，你必須要培養自省的能

力。自省，或是自我反省，針對的是身（行為）、口（語言）、意（念頭）這三個會製造業的要素。如果能誠實自省，我們自然便會體會到，其實自己大多數的行為都是很自我中心的，而且會為自己與他人製造苦。不自省的話，我們幾乎不會承認自己的過錯，常常怪罪他人或是整個環境，把自己視為受害者。

只要認知到自己的自我中心，就能更加了解自己的動機以及對那些動機的錯誤詮釋與誤解，如此便可以幫助我們漸漸停止去傷害別人。在覺察到自己無知的自我中心之後，便會生起慚愧心以及想要改變自己行為的動機。

佛陀也告訴弟子們，生起慚愧心是修行最基本的部分。一個人如果沒有這個特質，便是不完整的，而且無法真正懺悔，或是減輕業障去修行。對這種人而言，要從修行與老師的教誨中獲得利益，將會非常困難。

業障，在很多方面會讓修行的進展停滯，業障也就是那些自我中心的態度：貪、瞋、癡、慢、疑。

業障會障礙你找到一位好老師，無法向他學習修行。不要以為老師們都是無所不知的。你必須先起頭，主動去找老師尋求幫助或指導，而你是否

能尋找或接受別人的建議,端看你的業障。這些業障,可能會表現在你的性格、表情、觀念或是行為上,每一種都能變成一堵牆,擋在你和老師之間,這堵牆讓你無法被看見或是被認出來,障礙老師提供幫助給你。

如果你能產生慚愧心,並且真誠懺悔那些自我中心的行為,你就能培養一顆接納的心。有了接納的心,你就能遇見好的老師,並且得到他們的幫助。有了謙虛與接納的態度,你的業障便會減輕。當我們對自我的觀念改變時,接納的能力便會增加。慚愧心能幫助你懺悔,並且讓你更和諧、安詳地處世,你不會再把精力浪費在試圖保護自己與拒絕其他人,當所有的自我中心都消失的時候,真正的圓滿慈悲便會顯現。

要幫助自己產生慚愧心,首先要拜懺。當你在拜懺的時候,首先回憶自己的童年,試著去回憶你所有傷害過別人的話語和行為,然後用同樣的方式回想你的少年時代、青年時代,一直下去,直到現在。拜懺的時候,要深深地往自己內心深處看。

因為我們不知道如何解決由自省而生起的矛盾,也不知道要如何處理因為這些回憶而生起的情感混亂,所以我們常常會避開自我反省。但是當你在拜懺的時候,就是在承認自己的缺點與懺悔。之

後,這些負面的情緒會被洗滌乾淨,你將會重新得到一顆清淨的心。接下來你應該要發願,希望再也不要重複自己的錯誤。

禪法就是自省的方法。透過自省,我們對自己的優點和缺點,都有了清楚的認識。一旦對自己更加了解,就會對自己更有自信,這種自信讓我們在與其他人,或是這個世界應對的時候,能更和諧、更寬容。修行禪法是為了要改變我們自己,而不是去改變環境;一旦我們轉變了,就能積極地影響每一個接觸到的人。

如果你保持著慚愧心,那麼你隨時隨地都能修行,而且你所遇到的每一種情況,以及你所遇到的每一個人,都可以幫助你,你也能提供幫助給他們,這些全都取決於你看待事物的角度。

菩提達摩所著的〈二入四行〉裡,記載了重要的禪修方法。菩提達摩是一位印度僧人,在大約西元475年的時候,將印度禪的方法帶到中國,成為中國禪宗的第一位祖師。

「四行」指的是悟禪的四種不同方法,其中第四個也是最重要的,就是「稱法行」。「法」指的是「所有的現象」;佛教的基本信念,就是諸法無常,而且諸法無自性。在稱法行中,以直觀「空」的方法,去親身體驗無常與無我。

這是禪修最高層次的修行，能達到最高的境界，但那並不容易，而且修行的挫折感會讓人很沮喪。除非我們修稱法行的時候，不會產生沮喪或緊張，否則都應該從最基本的修行開始。

　　「二入」中的「理入」，和稱法行的修行很類似。「理」就像「法」一樣，指的是一切的現象。人們通常會認為某些特別的現象，包括事件、對象、人、時間等，和基礎或本體是分開的，但是現象和本體是分不開的；理與現象，或是理與佛法，也是分不開的。

　　當一個人不再有自我或是我執，並且能看見自己的本性時，那麼除了自我以及我執之外，現象世界的一切會繼續存在，這就是「理入」。在這個層次裡，心不是空白的。但我們並不是經由思考過程進入這個層次的。

　　根據傳說，菩提達摩在中國嵩山的一處洞穴裡，面壁九年。他建議用來達到理入的方法是：「讓你的心如同牆壁一樣。」這是什麼意思呢？我們可以用牆來做各種事情：保護隱私、掛東西、放上一扇窗戶等，但牆仍舊在那兒，沒有移動。如果你的心像一面牆，它是不會動的。在你四周的人，會表達他們自己的人格、情緒、行為等，但是這些卻不會在你的心中生起自我中心的回應。你隨時保

持警覺,而且用無我的態度來回應這個環境、幫助四周的人,這就是慈悲。

第二種入是「行入」。「行」指的就是修心之行,菩提達摩曾講到四種特殊的修行方法:「報冤行」、「隨緣行」、「無所求行」以及「稱法行」。每一種都是循序漸進的,所以應該按照順序修行。第四個稱法行,我們之前已經討論過了。

報冤行需要先了解業果或是因果,對發生在我們身上的事情,承擔起責任。記住,「因果」是一個特殊的佛教觀念,指的是每一個行為(因)都會產生一個結果(果),而這個結果又會成為另外一個果的因,如此循環下去。這一連串的行為(也就是業)不斷運轉,成為因果。面臨幸與不幸的時候,我們都應該要了解,其實自己是在接受過去無量世中所作所為的果報。如果能這樣看,那麼當不幸生起的時候,就會很平靜,不會有任何怨忿,而不會因為不安的情緒而受苦,或是覺得沮喪失望。所以,這是一個很重要的修行。

「因果」必須和另外一個佛教觀念「因緣」合在一起解讀,並用來修行。「因緣」是描述一個現象,說明事情的發生是由於許多緣聚在一起。我們無法也不該逃避由業所生起的責任與果報,應該盡力去改善因緣以及我們的業。

菩提達摩所推薦的第二個方法是「隨緣行」，同樣也必須先了解「因緣」的意義。隨緣的意思是說我們應該在有限的環境條件下，盡力做到最好，無論處於順境，或是有好事發生在我們身上，都不應該過度興奮，因為好運就像厄運一樣，也是果報的結果。隨緣行的修行指的是我們接受自己的業或是「因果」，而不會過度高興或自滿。

接受果報以及隨緣的態度，對日常生活的修行也很有幫助。這能讓我們改善自己的因緣與業，維持積極的態度。它也能讓我們在面對環境的改變時，仍保有平靜的心，並改善自己的行為，維持和諧的人際關係。菩提達摩的這些教導並不難懂，每一個人都能好好利用。如果能把這些方法應用在日常生活上，我們就不會逃避責任，並能把握最好的良機。

菩提達摩四行中的第三行，是「無所求行」，這比前兩「行」要困難多了。中國有句俗話說：「養兒防老，積穀防饑。」今天，西方人大概不會只為了讓自己在老年時有人照顧，而去養育孩子，但人們可能仍會累積財富，以備不時之需。人們存錢，一定都是為了在之後把它用掉，這種態度就不是無所求了。

在無所求行的修行中，你要精進在有用的行為

上，但不去想這個行為是不是對你現在或是未來有益，也不期待是否能從中得到任何個人的利益。這並不容易，而且比起前兩行，修行的層次更高了。

　　在佛法修行中，必須將自己以及過去的個人歷史拋在腦後，去體驗無我，才能開悟。如果你的自我感很強烈、很堅固，而且難以破除，那是沒辦法開悟的；如果你執著在開悟或成佛的觀念上，也是不會成功的。對自我或對成就的執著，和禪宗的基本精神完全背道而馳。記住，禪的兩個原則，就是諸法無常、無自性。如果一個人對自己的成就或造詣執著，就不符合無常與無我，也就不可能開悟了，即使在打坐中有過體驗或是突破，那也還不是禪的開悟。

　　現在你可能覺得有些失望，大概會想：「如果我不該渴求開悟，那我還學什麼佛？」在佛教裡，發願與生起菩提心是很重要的。在《六祖壇經》裡，惠能大師討論過什麼是願。大願有四種：助眾生、斷煩惱、學佛法以及達到體證最高層次的佛道。我們最重要的願裡也包含了開悟，不過這和無所求行又有什麼關聯呢？

　　當我們用菩提達摩的四行中的前兩種方法修行時，也就是報冤行與隨緣行，為了我們自己而去接受因果法則，這是很重要的。為了自己的利益而開

始學佛並修行，是很正常的，因為想成佛，但是最後經由修行，自我中心以及自私都會慢慢減少，便不再為自己想那麼多了。他們發現自己變得很忙，因為人們需要他們的幫助，他們也自然去提供人們所需，就像我們之前談到牆的功用一樣。他們變得慈悲，因此也不再想著要如何才能開悟。

停止關心自己是否能開悟，你才能真正開悟，否則你會有自己都難以察覺的妄念，以及想讓自己得利的執著。如果你不想再受苦，並渴望解脫，那麼你還是對自我有執著。只有當不再關心自己是否能開悟時，你才能真正開悟，無所求行就是這種追求開悟境界的修行。

《六祖壇經》提到，即使一個人已經開悟了，他應該要繼續發這四大願：助眾生、斷煩惱、學佛法以及體證最高層次的佛道。不同的是，開悟後，你不會再把一切和你的自性分開，眾生就是自性，煩惱就是自性，佛法就是自性，成佛就是自性，而自性，當然是空的。你繼續作用，以不動的、自然的、自發的心幫助眾生、斷煩惱、學佛法，沒有特別的念頭或是追尋的目標，在這種情況下，你便能成佛。

第六章

開 悟

　　你大概聽說過「開悟」，但你清楚那是什麼嗎？你知道要如何才能開悟嗎？有時候，人們相信開悟是一個簡短的過程，但他們是被禪的故事以及公案誤導了。在那些故事裡，修行者往往在聽到一個字或是做了一件事之後便開悟了。但是人們不了解的是，這些修行者通常都已經學習禪法與打坐好多年。一般人沒有完全了解這一點，就以為只要讀一、兩本書，就能開悟了。「頓悟」這個詞更是特別容易讓人誤解，人們聽見這個詞，便以為開悟即使需要修行，也只要一點點就夠了，他們光是在那裡等著，以為有一天自己就會突然開悟了。禪宗的確是提倡直接進入菩薩道的第三個階段，也就是立即完全開悟，但很少人能做到這一點。

　　要如何才能產生智慧而開悟呢？你必須學會把

自我放在一邊。當自我減少的時候，苦也會跟著減少，智慧就會開始顯現。這還不是開悟，但已經能為你和他人帶來利益。生起菩提心，發願為眾生而無私奉獻，就是放下自我的方法。

我們在用齋前，以及在早課、晚課中所持誦的〈四弘誓願〉，就是菩提心的精要：

> 眾生無邊誓願度
> 煩惱無盡誓願斷
> 法門無量誓願學
> 佛道無上誓願成

請注意，前兩個願並沒有提到開悟，開悟是最後一個願。第一個願是度眾生，這是說在你所有的行為、話語以及念頭裡，都把眾生的福祉放在自己的福祉之前。如果能把他人的福祉放在你的念頭、話語以及行為裡，那麼你已經生起了菩提心。

大部分的時候，人們都先想到自己，對眾生來說這是很正常的情況，但這不是菩提心。當你只為自己服務的時候，你所得到的是有限的，但如果你的行為是無私的，你會得到更多、更廣。

記住，你也是眾生的一員，當你去幫助眾生的時候，你也等於幫助了自己。而且，在以無私的態

度去幫助別人的時候，你也得到對方的誠心感謝。其他的眾生會追隨你，並且支持你的努力，如此一來，你便已經走在菩薩道上。

當你的念頭與行為都是為了幫助他人時，第二個願——斷煩惱或是放下煩惱——便會自然發生，因為你不再那麼以自我為中心。第三個願——精通所有法門、無數的修行方式以及佛法——則能讓你以佛法幫助別人。當你聽從修行前輩的建議，研讀佛經以培養「正見」，並用修行的方法來培養智慧與慈悲時，你就會更明白要如何幫助眾生、斷除痛苦。

第四個願是成佛，但你不應該把成佛視為一個追求的目標，而是在度眾生、斷煩惱、知佛法後，便會自然體現最高境界，也就是智悲雙全的佛境。

修行的理由，應該是要度眾生，並且斷煩惱。不要去追求什麼，只要為菩提心而生起菩提心即可，這個過程本身就是目標，因為當你的自我減少的時候，菩提心便會自然顯現。這樣做的時候，你就已經是在度眾生了。每一個你遇見的人都能因你的存在而得到利益，因為你的所作所為都是為了他人，這就是慈悲。

沒有生起菩提心，要想開悟是不可能的。你可能在禪修中有過奧妙的體驗，那很好，如果那些體

驗讓你生起菩提心，那就更棒了！這樣的體驗通常會讓你覺得放鬆、自在、輕盈和安定，而且能增加信心。但如果你以為這樣的體驗就是開悟或是一項偉大的成就，那就錯了，相信自己已經開悟，其實只是自我中心的表現，而且會讓自心與其他眾生疏離，益發顯露出你對幻覺的執著。構成「我」的四個特徵——自我、人格、存在以及生命——依舊在那兒，因此這個自我仍頑固地存在著。

這就是為什麼從禪的角度來看，一個相信自己開悟的人，並不是真的完全開悟。如果你堅持自己的體驗已經到達佛教中的神聖境界，那麼這就是一種幻覺，我們稱它為「禪病」或是「走火入魔」，這會成為修行的障礙。

假設在精進的修行之後，你體驗到自我消融的感覺而開悟，巨大的幸福感從你心中湧現，然後想：「我的自我已經完全消失了，我開悟了。」但你真的開悟了嗎？既然你仍是用自我的感覺去開悟，那麼你還是沒有領悟最後一個階段。但是，像這樣的體驗是很強烈的，即使是一個有經驗的修行者，都很有可能被誤導。

在一次禪修營裡，有個學生告訴我，她不想再打坐了——她只想要說說話。於是我請她到會客室來，說：「好吧，那我們就來聊聊吧！」

她說:「我很快樂,就像在一瞬間,整個世界都亮了起來!我往窗外看去,一切都美極了,花和鳥,所有的一切,都只是我自己的一部分,我覺得自己很美,我已經到了那個境界。」

我請她告訴我,她到了什麼境界?她說:「這不就是您所謂的開悟嗎?」

我告訴她,那些只是幻覺,於是她變得很不高興,說:「我有這麼驚人的進展,您現在卻告訴我,那只是個幻覺?」

我告訴她,正是她渴求開悟的欲望,造成了這樣的幻覺。「回去打坐,繼續努力。」我說。

在另外一次的禪修營裡,有個人下午沒有來參加打坐。我派出幾個人去找他,找了很久之後,終於在樹林裡找到。他快樂得不得了,帶回來一截小小的枯枝,畢恭畢敬地獻給我,說:「我找到它了!」

我拿過枯枝,把它丟出窗外,他變得很不高興,事實上,他還很生氣,然後抱怨說那是很珍貴的東西,他努力了好久才得到的。你覺得這截枯枝真的珍貴嗎?

在這兩個例子裡,這兩個學生都很努力,都體驗了高深的境界。但開悟不像珠寶,不是你能掌握、擁有的東西,有時候心裡體驗到某種東西,便

以為那就是開悟，但那只是在非常快樂的境界中的自我而已，只是那有別於狹隘、自私的自我。這個自我甚至也許能和整體宇宙或是神性達到統一，但那仍舊是自我，而不是佛性，也就是空性。這些感覺都是虛幻的，不過是努力修行後，生起了比較廣大的自我的一種表現而已。能感覺到宇宙中的一切都是你的一部分，這很好，但還不是開悟。

通往開悟的道路就是菩薩道。在修行菩薩道的初期，修行者已經接受了佛法（正見），而且已經準備好要修行了。他們在理智上知道自己的身心是無常的，而且持續不斷地改變。慢慢地，他們會更進一步了解佛法的內容：沒有什麼能夠真正被稱為自我。一旦用這種方法體驗到了自我的空性，便能消除自我中心，能袪除執著與苦。這是菩薩道的第一個階段。

在菩薩道的第二個階段，一開始會對解脫的感覺有所執著，或許你覺得自己已經解脫時，其實你並沒有解脫，如同我之前說過的，因為你仍然有自我的感覺，所以是那個「自我」覺得解脫了。在菩薩道的第二個階段中，所體驗到的解脫感覺並不是真正的解脫，但他們仍對「解脫的感覺並不是真正解脫」這個見解非常執著，這就是對自己的見解產生了執著。

在菩薩道的第三個階段裡,菩薩不再對自我、解脫感、「認為解脫感並不是真正的解脫的見解」以及任何事情執著。

如果在修行中,你覺得智慧生起並顯現出來了,應該把這視為是伴隨修行而來的自然現象。不過,當真正的智慧生起的時候,是察覺不到的,它一聲不響地就出現了,就像冰在熱水中融化一樣,對冰來說,它沒有意識到自己融化了。有智慧的人,並不會特別覺得自己有智慧。

有一次,一個十年前就覺得自己開悟的美國人,來請我為他正式認證他的開悟。我問他,他對名聲、一己之利、性以及財富有什麼反應?他說自己的心總是不受拘束,他對這些東西沒有執著,但他的身體仍需要它們。你覺得他是在哪一個階段呢?當然還在第一個階段。如果他來找你,你也不會替他認證,不是嗎?但如果你沒有讀到我現在說的這一段,說不定你就會替他認證了。

有一則公案可以說明菩薩道的不同階段。為山靈祐禪師問兩個弟子:「有一百萬隻獅子,同時在一根毛髮的尖端上出現,你們來說說自己的看法?」

這兩個弟子修行已久,所以他們並不覺得這個問題很荒謬。一根毛有兩端,所以第一個弟子仰山

慧寂（約西元807～883年）反問：「一根毛有兩端，獅子是在哪一端出現？」

大師把這個問題拿去問另外一個弟子，那個弟子回答：「既然是一起出現，那就沒有前也沒有後，不在這一端，也不在那一端。」

第一個弟子搖搖頭，表示不對，於是大師又問他：「既然你不接受這個答案，那你認為呢？」

仰山只是站起來，然後走了出去。大師轉過身對另外一個弟子說：「你完了，你的獅子被切成兩半了。」

這是什麼意思呢？第二個弟子說：「無前無後，無上也無下。」但是他仍有一個中間，也就是當下。他的整體見解很精湛，但卻對自己這樣的見解執著。他還在菩薩道的第二個階段。

那麼，第一個弟子又在哪個階段？就是那位問獅子在毛的哪一端的弟子？當他站起來走出去的時候，那是什麼意思？他知道答案了嗎？

在這則公案裡的禪師是溈山，弟子是仰山。他們兩人一起開創了禪的溈仰宗，最後這個宗派漸漸式微消失。但虛雲老和尚，也就是我的祖師，在二十世紀又重新振興了它的修行方法。

仰山是在第三個階段，也就是開悟與開悟的人都消失了，他不再執著於自我、感官、觀念或是

任何事情。在禪宗裡，我們提倡直接進入第三個階段。如果你頓悟了，就不用再經過前面兩個階段了。

如果有人這樣想：「我已經開悟，能去度眾生了。」這個人在第幾個階段？第三個嗎？

不是！這仍然還在第二個階段，因為修行者對一個念頭有執著。在菩薩道第一個階段的菩薩，會覺得自己已經開悟了，並且對此產生執著。

當我們到達了菩薩道的第三個階段，那麼最高的山峰與最低的河谷，都是一樣的。想一想：如果一個人從人造衛星往下看地球，那麼喜馬拉雅山的最頂端便成了最低的一點或最近的一點，而海洋裡最深的地方，卻變成了最高點。這樣看來，每一樣東西都顛倒了。所以如果從兩種不同的觀點來看，又怎麼能說哪一個是高、哪一個是低？

在第三個層次的菩薩，對愉悅和苦痛都不會有感覺，但他的身體仍有正常的感官反應。舉例來說，如果他沒吃，他會覺得餓，但是他不會貪求食物。如果天氣冷了或是熱了，他也會覺得冷或熱，但卻不會覺得困擾。如果有個女人不小心碰到他了，他感覺得到，但卻不會產生任何心理上的煩惱。

一個菩薩不會有任何既定的立場和想法，除非

為了幫助眾生,否則他不會產生一般人會有的思考過程。他的思考過程完全不包括任何語言、字彙或是特別的念頭,他也不會覺得自己已經開悟或是他的智慧已經光芒外照。緣於空性的關係,他自動對眾生的需求產生反應,並且一路在菩薩道上幫助他們。但從眾生的角度來看,菩薩們好像都已經開悟了,菩薩們的智慧也照亮了他們周圍的世界。

明朝有位紫柏大師,在他開悟前,讀了一首之前的禪師所寫的偈子:「斷煩惱,煩惱增。」他很迷惑,以為或許是作者或抄寫者(這首詩當然是手抄下來的)寫錯了。他想:「斷煩惱不是能獲得解脫嗎?怎麼會斷了煩惱,反而製造了更多煩惱?」

現在既然你們都已經聽過了菩薩道的第三個階段,那麼你們知道為什麼那位大師要說:「斷煩惱,煩惱增」了嗎?

如果你認為有煩惱要消除,而你想要去斷那煩惱,那麼你還在菩薩道的初期階段。如果你認為自己已經斷了煩惱,充其量你也只是完成了第一個階段。在第三個階段裡,你不去想斷煩惱,也不去想尋求智慧,因為根本就沒有煩惱與智慧這樣的事,你也不需要去成佛,因為根本就沒有佛這種事,一切都沒有分別。

菩薩道的第三個階段,看起來似乎有些遙遠,

所以在一開始的時候，我們仍要想著有煩惱要除，而且也要相信自己的確能成佛。

菩薩道，亦即智慧的領悟，可以視為達到無我與無執的進階過程，如同我之前所描述的。但開悟也可以視為是一種行為，開悟表示你已經領悟了你之前所沒有領悟的東西。禪對於開悟，有四種層次，這些層次一路展開，一個接著一個，然後不斷重複循環。

在每一個層次裡，你會得到不同的智慧。開悟的第一個層次就是聽聞佛法，讓你得到智慧，以解決生命中的一些問題。第二個層次是去思惟，以便更加了解你所聽聞的佛法。在這個層次所得到的智慧，能讓你解答佛法以及修行上的問題。開悟的第三個層次是運用你的所學去修行，不只是運用在正式的打坐、誦經與拜佛等修行上，也應用在日常生活中。由修行中所得到的智慧更加深入，能讓你更了解自己關於人生、自我與佛法的問題。透過修行，你對於自己的身心與行為會更加了解。最終你會直接體驗到過去自己的精進所學，這就是開悟的第四個層次──明心見性，這是開悟，智慧顯現，是因為煩惱與自我消失了，在那一刻，所有的問題與疑惑全都解開了。

許多修行者喜歡只專注在開悟的第四個層次，

而忽略了前三個層次：聽聞佛法、研讀佛法以及在打坐和日常生活中修行佛法。他們想繞過事前的準備工夫，馬上就想明心顯智慧，這種人是很幼稚的，對禪的了解不夠。

即使你體驗到開悟的第四個層次，那也不表示你已經成佛。事實上，開悟的經驗可能只持續一下子而已。你會不斷重複體驗這四個層次，每一次你從新的地方開始，然後學到新的事物，每一次你都會有不同的體驗。不斷重複這個循環，最後你就能達到完全的開悟。但我們都必須要從最基本開始。

現在，你已經在學習佛法了，請好好修行佛法，不要光想著達到第四個層次，只要好好修行，時間一到，第四個層次便會水到渠成，自然顯現。

第七章

慈悲

慈悲是佛法的開端,也是佛法的精髓。釋迦牟尼佛終生修習慈悲並體現慈悲,我們甚至可以這樣說,他出現在這個世界上,便是為了要體現慈悲。

佛陀成為一個修行者,是因為他看見了生命的苦難,想要知道苦難的原因。他看見眾生的苦,以及生、老、病、死的現實。這讓他反省自己的處境,因為他自己也必須經歷生、老、病、死的過程。佛陀開始修行,不只是為了利益自己,減輕自己的苦,同時也是因為他關懷所有的眾生,以及他對眾生無法避免的命運所展現的慈悲心。

佛陀直到他臨終之前,共說法四十九年,並不間斷地幫助眾生,那些在他生前能夠解脫的人都已經解脫了,他也在那些還未解脫的人身上,種下了未來解脫的種子。佛陀終其一生都體現了慈悲,所

以慈悲是佛教的精髓，慈悲和佛陀日常生活中的現實是分不開的，即使我們無法將慈悲修到像他那樣的程度，也應該將慈悲融入日常生活中。

就像佛教一樣，許多宗教都會談到慈悲，並且教導人們要慈愛，許多人也立志遵循這個教導。不過，我們常常把自己的愛限制在家人或熟悉的群體裡。當我們與其他宗教或修行方式有所衝突時，就會生起憎惡心，將那些我們不懂的修行方法視為邪門歪道。從佛法的角度來看，雖然各種修行方式有所不同，但所有的眾生都擁有潛力，能將憎惡以及看似邪門和負面的行為，轉化為慈悲。

因此，從佛教的觀點來看，並沒有固定的魔或是惡。魔，就像所有的現象一樣，都是空無自性的，如果魔能夠體驗並應用佛法，魔就能變得慈悲，因為每個人都有能力慈悲。

雖然每個人都有能力慈悲，但有些人似乎是我們的敵人，我們該如何對待他們？佛陀在世的時候，遇見過許多想要傷害他的人，但他從不對那些人生氣，或是試著去制伏、支配他們；相反地，他用慈悲對待他們，還試著去幫助他們。一般來說，佛教，尤其是禪宗，特別譴責暴力的行為，而提倡以不對抗的心去對待敵人。一個真正的修行者，會用不對抗的心去回應人為、情勢或是環境所造成的

阻礙，並且放下他感覺到的緊張與不自在，他不拒絕困境，也不和困境爭鬥。

什麼是不對抗的心？如果有人惡意對待你，不要和他鬥。相反地，盡你所能，和平地去避免衝突，即使他打了你，也不要還手，放下任何報復的念頭，甚至也不要希望他不會再打你，因為這樣的希望是徒然的，也沒有益處，只是接受敵意，而不要去反抗。面對困難的時候，不要煩躁，否則只會增加問題的難度，讓你的心更紊亂，保持平和、不對抗的心，困難自然會迎刃而解。

對於那些看起來是敵人的人，如果我們用慈悲去對待他們，他們就能接受佛法，也會變得慈悲。每一個人都可以變得慈悲，因為我們的負面本性並不是固定不變的，它是無常的、空的，就像所有的現象一樣。是因為貪、瞋、癡，眾生才會做出對其他人有害的行為。

你大概會感到疑惑，既然佛教相信一切都是無常，沒有東西是真正好或壞的，那麼為什麼我們還要關心如何減輕苦呢？這指出了佛法裡很重要的一點。苦和腿痛是很類似的，當你在打坐的時候，你的腿會痛，但只要你把腿伸直了，疼痛就消失了。痛當然還是會痛，但既然疼痛不是恆久不變的，那就不是真的，它能改變，也能消失，所以它本質上

就是空。好與壞同樣也是如此，隨時在改變，壞可以變成好，好也可以變成壞。有一個老故事，說有個人的兒子發生了意外，結果腿瘸了，他的鄰居都很替他難過，說這真是個悲劇，那個人卻說：「不見得吧？」

不久一場戰爭開始了，村裡所有的年輕人都被徵召入伍，只有瘸了腿的兒子沒被徵召，於是鄰居們就說，他的兒子非常幸運，這時他又說：「不見得吧？」

就像好與壞，苦的存在是因為我們在一個特殊的時段，從一個特殊的角度去看待事情。重要的是，你要了解苦的本質，如果你真的領悟到苦是無常的，它的根源其實是在你的自我中心，你就能學會如何讓它減輕。

當你見到別人受苦的時候，回想一下你自己的經驗。即使你告訴自己，苦是無常的，還是會感受到苦；同樣地，即使他人的苦其實並不存在，你也不能否認他們也感受到了苦，對他們而言，苦是直接而且真實的。因此，即使心中了解到苦並不是真實的，你還是會去回應在他人身上那些不真實的苦，並且基於慈悲，努力去減輕他們的苦。

我們要如何修習慈悲、減輕痛苦呢？慈悲有不同的層次，第一個層次就是對四周親近的人慈悲，

像是家人與朋友，要無條件地帶給這些人快樂。「無條件」表示我們不尋求任何獎賞或認同，只是出於慈悲本身而去行動。明白佛教的「慈悲」與一般「世間愛」的不同，是很重要的。佛陀所教導的第二聖諦裡就說到，苦是由欲望所造成的，而欲望與世間愛是緊緊相連的。欲望就是想要得到什麼東西的渴求，只要我們活著，都會有生理與心理上的欲望。生理上的欲望是有限的，而且至少暫時能被滿足，但心理上的欲望卻是無窮的，而且永遠沒有辦法被完全滿足，而且心理的欲望也會加強生理上的欲望需求。

世間愛就是一種渴求，想去掌握我們所擁有的，對我們擁有或渴望的東西有執著。一般人對其他人或其他東西的愛，是自我中心的愛，其中包含了欲望，並且想要擁有、控制，或是從這個愛的對象中得到些什麼。然而慈悲卻是沒有條件的，它不具占有性、不具自我中心，也不會試著去控制別人，它也不是需要認同、讚賞，或是回報的愛。世間愛並不壞，它帶給人類社會和諧與良善，特別是在它比較不那麼自私的形式上。

既然慈悲有層次，世間愛也有程度之分，端看一個人的愛有多少自我中心的成分。最不純淨的愛是最自私的，那就是對自己的愛，當一個人只在乎

自身利益的時候,便會展現出這種愛。

我認識一個年輕女子,嫁給一個年紀大的男人,她喜歡往外跑、去跳舞,但她的丈夫卻沒有時間或精力陪她做這些事情。當他禁止她外出的時候,她便說:「難道你一點都不愛我了嗎?」

他說:「我當然愛妳!這就是為什麼我不讓妳出去。」

這個女人說:「愛是要犧牲自己的,如果你愛我,你就應該為了我,犧牲你自己。」

你覺得怎麼樣?誰應該要犧牲?他們該怎麼做?如果太太關心丈夫,她就必須減少自己想要跳舞的欲望,待在家裡。如果丈夫關心太太,他就必須限制自己希望她待在家裡的欲望,讓她出門。這兩個人都有問題,他們都只關心自己,而要另外一半犧牲。

我們都知道,愛應該要能驅使我們去付出而去關心其他人。然而,當我們的幸福、財富以及欲望受到威脅的時候,有多少人能繼續付出,而不是試著從他人身上得到回報?這種人有可能存在,但是很少見。即使是我們四周親近的人、所愛的人,我們似乎都無法真正無私地對待他們。要我們放棄自己的利益,那是不可能的。

在佛教裡,世間愛被稱為「不清淨的愛」,完

全無私的愛是清淨的愛，和慈悲是一樣的。在佛經裡，布施分為內在的布施與外在的布施。外在的布施包括布施財產、時間、能力等；內在的布施則包括布施身體，甚至生命。布施幫助別人的時候，單是布施財產比較容易，要布施時間和能力就比較困難，最困難的就是布施你的身體或是生命，只有當一個人能將自己的生命布施出去的時候，才能完全消除自我。

如果我們對四周親近的人慈悲，也就是無條件地去愛他們，我們自己能因此受益嗎？當然可以。當我們為別人服務，貢獻出自己與自己的能力，試著持續帶給他們快樂，這個慈悲的過程會讓我們不斷精進改善自己的能力，並且讓心靈臻至成熟。

萬一我們試著想幫助的那些人，對我們的慈悲行為沒有反應呢？我們不應該要求自己的慈悲能獲得回報。不過，這種人最終可能還是會被慈悲所感動而加入我們，一起去慈悲別人，這就是一個人所能產生的最偉大結果。

四十多年來，我所領導的禪修團體法鼓山一直在做著社會福利的工作。一開始是年度活動，我們發放食物、衣服以及香皂等日用品，幫助臺北北投區的窮苦居民。

原有的小型社福團體現在已經發展成「福田

會」（現稱「法鼓山慈善基金會」），大部分的成員是一般居士與學生，成員分布已經超出了臺北市，遍及全臺灣。最近，法鼓山一位會長告訴我，三十年前我們曾經幫助過他，當時他家裡衣食缺乏，因為他的家庭狀況極為窮困，所以我們對他特別好，我們給他家額外的二手衣、食物和其他生活必需品。為了感恩，他加入了福田會，而且成為會長。聽完他的故事，我覺得非常安慰、高興。

在慈悲的第二個層次裡，我們對所有人都心懷慈悲。我們已經不再分別誰與我們親近、誰與我們疏遠。我們奉獻自己、服務他人，並將自己的生命貢獻給所有的眾生，為他們謀求福利。然而，即使我們在這個層次裡，將所有眾生視為平等，心裡仍然可以見到分別的痕跡，仍有「自己」與「他人」的分別觀念，也仍然有「自己」以及「慈悲行為」的分別。

有一個故事，可以說明第二個層次的慈悲。一位佛教徒的妻子在一場車禍中，被計程車撞倒輾過。一旁目睹車禍的人，抄下了計程車的車牌號碼，於是司機被警察逮捕並起訴。

法官問計程車司機：「你為什麼要撞她？那是一場意外嗎？」

司機非常誠實地回答：「我看見了這位女士，

但是我有路權，她應該要讓我過才對。她沒有讓我，我很不高興，想擦撞她一下，嚇嚇她。我開車離開的時候，並不知道她已經死了。」

法官於是判定這是一起蓄意殺人案件，計程車司機被判處很長的刑期。

這位司機有妻子、兒女，全靠他的收入過活。當死者的丈夫發現這一點的時候，便幫助這個司機的家人，帶食物、金錢以及生活所需要的一切給他們。除此之外，他還去監獄探望這位司機，安慰他，並且建議他念佛、拜懺。這位丈夫的朋友們都很驚訝，對他說：「他害死了你太太，你怎麼還能去幫助他的家人？」

這位丈夫回答：「這位計程車司機是因為無知才會做出這樣的行為，但我不能也跟著無知。佛教的核心就是慈悲，所以一個佛教徒心懷慈悲是很自然的，特別是對那些有需要的人。他的家人正在挨餓，所以我把這當成自己的責任去幫助他們。」

這是平等慈悲的一個例子，也就是慈悲的第二個層次。最後這位丈夫出家做了和尚，繼續他的修行。

慈悲的第三個層次，是以前一個層次中所擁有的平靜沉著的心為基礎，但不再有自我、他人以及慈悲的感覺。修行者自然而然展現慈悲，不帶有

任何自我、受幫助之人或是自己在做慈悲行為的觀念。

這個境界無法刻意達到，也不能假裝或捏造，就算你告訴自己不要去想自我、其他人以及慈悲，也無法領悟這第三個層次。你必須真正達到無私的境界，也就是智慧的境界，這在佛教裡，叫作「無緣慈」，也就是自我、他人、事件，所有的分別都合而為一，並且是空的，但是慈悲的行為仍在運作著，這就是佛與大菩薩的慈悲。

《金剛經》裡說道：「……滅度一切眾生已，而無一眾生實滅度者。」這就說明了完全的空與慈悲，只有佛與偉大的修行者才能做到這點。佛陀在度眾生的時候，並沒有覺得自己是個在幫助眾生的佛，也不覺得自己是在幫助人。

我無法說出一個確切的例子，但我可以說一個類似的故事。宋朝有一位古怪的禪師叫作濟公，他真正的名字叫作道濟，在中國民間非常有名，他的生平還沒有被譯成英文，但是西藏人都知道他，並且把他拿來和西藏一位古怪的修行人：密勒日巴尊者相提並論。

濟公不像其他的比丘，他從不住在寺廟，而是居無定所，在城裡四處晃蕩。冬天，他穿著破舊的薄袍，裡頭沒穿上衣，沒穿褲子，沒穿內衣，也沒

穿襪子或鞋子,甚至也沒戴帽子,但是他很快樂。城裡有一位官員非常崇敬他,經常護持他。在一個冬天的夜晚裡,濟公經過那位官員的住所,官員看見他身上只披了件破布,底下什麼都沒有,便問:「師父,外頭很冷,您不是應該多加一些衣物嗎?」

濟公說:「沒錯,沒錯,應該。」

「為什麼您不戴頂帽子?至少也可以在袍子裡穿條褲子和上衣,再穿上鞋子。」官員說。

「沒錯,沒錯,應該。」濟公這樣回應。

「那您為什麼不這麼做呢?」官員問。

「因為我沒有東西可以穿啊!」濟公說。

官員很同情濟公,便說:「那我給您一些布料去做衣服,這樣您就可以度過這個冬天了。您需要多少布料?」

濟公說:「這樣啊,那我需要的可多了。我想要做兩頂帽子,這樣我在不同的日子便可以替換著戴。我要上衣和褲子,可以穿在袍子底下,喔,當然還要有內衣褲。要質料好的棉布,不是一般布料,而且要填兩層棉花,這樣才會暖和,我還要布料來做雙鞋,所以我需要很多布料。」

於是官員給了濟公一整疋的棉布。

濟公看著棉布說:「我要拿這布怎麼辦呢?我沒有錢去做衣服,我自己也不會縫。我想我也需要

錢，而且要很多。」

官員說：「我會給您另外一疋布，您可以拿去換錢，請人替您縫製衣裳。」

於是濟公拖著兩疋厚重的布料，離開了官員的屋子。他來到了一座乞丐聚集的橋，乞丐們看見他便說：「濟公啊，你到這裡做什麼？你要那麼多的布料做什麼？我們都需要衣服穿，給我們一些布料吧！」

濟公微笑，然後說：「當然，需要多少就來拿吧！」

這群乞丐很快就把這些布料給撕開瓜分了，於是濟公手上什麼也沒剩。他仍舊穿著自己的破袍子，沒內衣褲、褲子、鞋子、帽子，也沒上衣，然後快快樂樂地離開了。

過了一陣子，官員見到濟公仍然只穿著一件破袍子，於是便問：「您的新衣服怎麼了？」

濟公說：「什麼新衣服？」

「您從我這兒拿去的布料，要做的新衣服啊！」

「喔，我把那些布料送給一群乞丐了。」濟公說：「他們什麼都沒得穿，非常可憐，比我還要慘！所以我現在需要更多布料，你還有嗎？」

官員說：「我會再給您更多布料，但這一次您

要拿去自己做衣服喔！」於是他又給了濟公兩疋布料。

於是濟公又拖著兩疋布料離開了。這一次，他甚至還沒到橋上，鎮裡所有的乞丐就聽到消息，知道他又有新布料，便通通跑來請濟公把布料分給他們。再一次，濟公很快樂地把布料都分給了乞丐。

後來濟公便不敢再經過官員的住所。官員聽到消息，說有個瘋和尚又把布料分光了，他想：「濟公真是夠了！我給了他四疋布，他自己一點都不留，反而全部分給別人。他真是個傻瓜，我以後再也不要幫助他了。從現在開始，他也別想從我這裡拿東西去做善事。」

事實上，濟公是一位得道的修行者，而且完全無私。不管他有什麼，都會布施出去，幫助四周的人，不會有任何得失的觀念。他就是一直那麼快樂！濟公的行為與心，不受執著所牽絆。在給出所有的東西後，他的心就像什麼事都沒有發生一樣，一點都不去惦記自己給了什麼，或是幫助了哪些人。他的行為，事實上就是慈悲。

在這個故事裡的官員就不一樣了，他的善行是受許多條件所限制。他只想要把布料給濟公，因為他尊敬濟公，但他並不想把布料給乞丐。當他對濟公的看法改變的時候，就覺得濟公不是一

個值得尊敬的人，只是一個傻瓜，於是他不再富有同情心，也不想再做好人、做善事，結果他所布施的東西是有限的。大多數人的慈悲或同情心都是非常有限的，當我們處在類似的情況時，大部分人的舉動都會像那位官員一樣。不去預設立場、條件以及限制而布施，是非常困難的。無緣大慈，也就是只為他人謀福利的心，不是容易領悟的一件事。

慈悲一定是與智慧共存的，真正的慈悲只能由智慧、由無私的心態中生起。第三種層次的慈悲，是從無條件的大智慧中生起的。我們也把這叫作大愛，那是不再因執著、煩惱、得失或是其他任何一己之利而受到阻礙的愛。這是佛陀的智慧，也就是慈悲的清淨心的顯現。

曾經有一位法師，常常做善事，人很慈悲、和藹、和善，常常幫助他人。我會知道，是因為他這樣告訴我的，他說：「這個某某人今天過得很好，是因為我過去在某某時間幫助過他。我已經幫助了很多人，但是他們都像過河拆橋的人一樣，從不提起我的幫助。現在他們成功了，甚至連我都不記得了。我自己是不在乎啦！事實上，我已經把他們都忘了，而且繼續去幫助別人。」

這位法師的確幫助了許多人，他也沒有向那

些人要求回報。但是，他心裡還是留下這些幫助別人的痕跡，事實上，這些事情在他心上留下了印跡，所以他才會常常提起。你在自己身上認出這些痕跡了嗎？你認為這位法師是在慈悲的第幾個層次呢？

大多數的人剛開始修行的時候，目標是求得解脫、開悟，然後不再受苦，但是他們卻不在意慈悲。你認為這種人能領悟智慧，然後開悟嗎？

佛教的慈悲與智慧總是緊密相連，它們就像鳥的雙翅一樣，分工合作，所以鳥才能飛翔在廣闊的天空裡。沒有了智慧的翅膀，慈悲就不會純淨、無私。慈悲總是由智慧生起的洞察力所引導。沒有了智慧，就只會有同情、世間愛或是普通的仁慈，這些都是有條件的，受對象所限，而且受執著、不清淨的心，以及自我中心的情感所影響。

有可能只有智慧，而沒有慈悲嗎？不可能。沒有了慈悲的翅膀，智慧就無法生起。一個沒有慈悲的人是很自私的，而這並不是智慧。

佛法中各種不同的修行方法都能幫助我們培養慈悲心，同樣地，修行也能讓我們得到智慧。舉例來說，修六波羅蜜的目的——布施、持戒、忍辱、精進、禪定、智慧——就是為了要替眾生謀福利。我們布施自己的金錢、時間、精力以及任何我們所

擁有的東西，去造福眾生。我們持戒，是為了避免經由身、口、意的行為去傷害他人，也克制欲望以淨化我們自己，這都是為了要替眾生謀福利。我們忍受所有發生在自己身上的事情，並培養耐心、精進修行，如此才能度眾生。

人們也許會認為第五波羅蜜，也就是禪定，和造福他人並沒有關係。畢竟，禪定的修行看似是一個人獨自修行，要打坐、誦經、拜佛或是經行。不過，禪定的修行也是為了要替眾生謀福利。佛陀為了要找到能幫助眾生的方法，修行了禪定中的所有層次。因此，對我們所有這些修行者而言，禪定的修行，也就是心的修練，是為了要讓我們的心成熟，然後才能放下自我，更能夠幫助他人。

所有的波羅蜜都是因慈悲，以及想要讓眾生獲得長久安樂的願望而生的。在為他人謀福利的過程中，我們自己也會受益，這是非常重要的一點。當你替自己製造苦時，可以用世間的眼光來看這一點：我們並不是真正與他人分離，所有人的福祉其實是互相密不可分的。當我們自己體驗苦的時候，例如憤怒，我們常常會影響他人，也造成他們的苦。如果我們對他人慈悲，不為自己製造苦，我們也就不會為他人製造苦了。

如果我們努力修學佛法，最後無私的智慧便會

顯現，我們也就變得慈悲了。隨著我們的進步，圓滿的智慧便會從慈悲中產生。所以，趕緊找到你慈悲與智慧的雙翼，然後體驗如何去消除苦吧！

名詞解釋

定 Samādhi，音譯「三摩地」，如同禪那（dhyāna），定指的也是靜心冥想的狀態，但比起禪那，定的意義較廣、較一般。雖然佛經裡經常提到定，但這個詞的使用相當有彈性，並不像「禪那」那般，專指一種特別的定的狀態。在大乘經典中，「定」與「慧」是密不可分的。

三法印 無常、苦以及無我。

三業 身（行為）、口（言詞）、意（意念）。

大乘佛教 比起小乘佛教，大乘佛教範圍較廣。在大乘佛教裡，信徒發願證得無上佛果，是為了度一切眾生離苦。基於慈悲，大乘的菩薩們會將自身的解脫放在最後，先用盡所有可行的方法去救助

眾生。

小乘佛教　在小乘佛教裡，信徒主要藉由消除貪、瞋、癡，為求自身解脫及離苦而修行。

六波羅蜜　即「六度」，或是六種能超越到彼岸而獲得解脫的方法，也是大乘佛教裡菩薩修行的主要方法：布施、持戒、忍辱、精進、禪定、智慧（般若）。

《六祖壇經》　一部記載中國七世紀禪師惠能的典籍。惠能是禪宗的第六位祖師，創立南禪，強調頓悟。

公案　原指「官府判決是非的案例」，如法律案例，為參禪的一種修行方法，修行者專心一意地尋求一個難解問題的答案，這個問題可以由禪師提出，或由修行者自己的心中生起。只有拋開邏輯與推論，並在自然的因緣下，經由直接產生「疑情」後再破除它，才能找到問題的答案。著名的公案事件都被記錄了下來，禪師們用這些公案來測試弟子對禪的了解，或將它們做為開悟的媒介。「公案」這個字常常與「話頭」交替使用。

化身　佛陀的三身（法身、報身、化身）之一，是佛陀因應方便，為度眾生而顯示出的形象。

只管打坐　從字面上來看，即是「只管打坐」便可的意思。是中國禪與日本禪中入定的修行方法。

四聖諦　佛陀所傳播的佛法中，最基本的四個真理：1.苦：人生即苦；2.集：苦的由來是因為欲望；3.滅：有一種平靜的狀態叫作涅槃，超越所有的苦與心中的毒；4.道：到達涅槃的方法，即修持戒、定、慧。

因果　根據「業」的法則而生的因果。

如來　佛陀的十個別稱之一，意指「如是來」或是「如是去」，中文則是將其翻譯為「如來」。

如來藏　如來孕育之源，或是如來儲藏之處——也就是每一個眾生成佛的可能，也可稱作「佛性」。

成佛　證得最高的開悟境界。

佛　「已覺醒之人」。歷史上的佛陀即希達多・喬達

摩,這位宗教師所建立的宗教,以「佛教」之名廣為人知。

佛性 成佛的潛在本性,與空性是同義詞,也等同如來藏。

佛法 佛教的真諦以及教誨;佛法是由佛陀所親自教誨的內容。(參見「法」)

戒 佛教徒所共同遵從的道德原則。

法 法有兩種基本意思。有時指的是佛法;有時則單純指一件東西、一種感覺、時間、天氣等,也就是任何物質或是心理上的現象。

法身 佛陀的三身之一——超越所有型態、屬性以及限制的無上之身。在中國佛教裡,常以「見法身」來形容體悟空性,有時候也用作佛性的同義詞。

法界 無限的實相世界或境界,也可視為一切的本性,也就是生出一切事物的「心」。

法脈　禪宗或其他佛教宗派中,一脈相傳的法師們。當一位禪師認為一位學生的心靈擁有了足夠的層次,便會舉行儀式,為其印可,此弟子便成為這位禪師的法脈。

《法華經》　《妙法蓮華經》,是大乘佛教中最早也最有影響力的佛典,在西元255至601年間,六度被譯為中文。《法華經》內描述菩薩的理想,並堅信到達最終解脫的最完美方法,就是大乘佛教。

《金剛經》　屬於「般若部」的經典,闡釋空性的最終真理。此經和《心經》同樣都是禪宗中的重要典籍。

阿彌陀佛　淨土宗裡,西方極樂世界的佛。(參見「淨土」)

皈依　「皈依」三寶——佛、法、僧——是成為佛教徒的認證儀式。

苦　人生無常、並且總是充滿挫折的觀念。

修行　主要為持戒、修定、得慧三學。

根器 由眾生過去的業，所形成的（心靈上的）資質。舉例來說，有人學習得很快，輕易就能產生信心，能直接經由修行佛法而獲益，這種人就是有「善根」。這是因為他們過去就與佛法建立、培養了因緣。

涅槃 欲望與苦難完全的滅絕；是經由完全的開悟所達到的解脫境界。

祖師 創立宗派之大師，以及衣缽相承的傳人。

般若 一種自發的智慧，無法經由概念或是字詞描述而傳授。體悟般若，便是成佛。

參 為了要了解話頭的意義而提問或探究。

淨土 極樂之地，或是阿彌陀佛的西方極樂世界。它是一片純淨的地域，是由阿彌陀佛發願要解救眾生的願力所構成。透過阿彌陀佛的加持，任何一個人只要誠心念阿彌陀佛之名號，並發願往生其淨土，即能如願。（參見「阿彌陀佛」）

眾生 所有能體驗苦難的生命，與植物不同；植物

是非眾生，不能體驗苦難。

菩提　Bodhi，可指能處理所有煩惱與不淨的主要智慧，而且能體悟涅槃，或是體悟到所有因緣而起的現象並能證一切智的智慧。

菩提心　智慧之心，這是大乘佛教的中心思想。它在不同地方有不同的意義：1.一個人為解救眾生而立志成佛，所擁有的利他心；2.真實開悟的實現，體悟了實相的本質與佛境的奧妙；3.無私的行為。最後一個意義非常重要，但卻常常被忽略。生起菩提心是修行菩薩道的第一步。

菩提達摩　在印度佛教傳承中，自釋迦牟尼之後的第二十八位祖師，也是中國禪宗的第一位祖師。

菩提樹　一種無花果樹，佛陀便是在這種樹下達到完全開悟。

菩薩　指「已開悟之人」，是大乘佛教中的典範。菩薩發願繼續留在這世界輪迴，延後自己的解脫，直到度盡所有眾生為止。

菩薩道　成為菩薩的修行之道，一開始以希望開悟為起點，並以為眾生修福德為目標。

開悟　自我覺醒。

傳法　以心傳心，由法師那裡「傳承」了佛法。

慈愛　為他人尋求福利的利他志向，也就是慈悲。

業　就是「行為」。基本上，眾生或是這世間的一切，皆受制於因果法則。在佛教裡，業被廣泛地解釋成包含身、口、意的行為。它同時也是過去的行為、念頭以及情感所累積下來的因果狀態，會進而影響一個人的命運。

業因　會在未來導致後果的行為。

《楞嚴經》　在漢傳佛教形成的過程中，這部大乘佛教經典有著相當重要的地位。它記載了二十五種圓通法門，也就是入定而達到開悟的方法、一個修行者可能會遇到的正、反兩種經驗，以及五十種修行者可能會誤入的外道修行法。

煩惱　與生俱來的取著與造業的機制,因為我執,進而不斷輪迴。煩惱包括所有的心理狀態,像是喜怒哀樂,以及貪、瞋、癡、疑、慢。

解脫　由自我與苦的虛幻中解脫。

話頭　「話語的源頭」(在這些話被說出之前),是禪宗的一種修行方法,用來生起「疑情」。修行者不斷思考令人難解的問題,像是:「什麼是無?」、「我是誰?」或是「念佛的是誰?」。參究問題的時候,不能依靠經驗、邏輯或是推論。這些問題常常取材於公案,有時問題則是由修行者的心中自然生起。「話頭」常常與「公案」交替使用。

僧團　佛教的團體;一開始是由釋迦牟尼佛的嫡傳弟子所組成。狹義上,指的是僧、尼以及弟子;廣義上,則包含了經由佛教信仰與修行而結合在一起的團體。

緣　由於在前世的關係(不論好壞),而在今世成為人與人之間的聯繫。通常「緣」會放在「因緣」中討論。「因」強調的是個人特殊的根器,「緣」

則是指「因」所起的一連串種種連鎖反應，進而決定了一個人的處境。

論　三藏之一。「論」可以是經論、解疑開示，有時也指佛經中有系統的佛教哲學觀念。

輪迴　生、死與苦不間斷的循環，一般未開悟的眾生皆深陷其中，無法自拔。輪迴中有三界：欲界、色界以及無色界。

默照　不使用任何方法的修行方法。「默」指的是無念，即心不動。「照」指的是明心，而這種明心的覺照是純意識的。

禪　以日本禪（Zen）較為人知。禪宗是中國佛教的主要宗派之一，興起於唐朝。這個名稱的由來是由梵文的dhyāna演變而來，在中文音譯為「禪」。禪可以指「冥想」，也同樣可以指佛教的中心要素──開悟。

禪那　用來指佛教修行者為達開悟而入定後的某種狀態。不過，禪那也是指開悟之後的修行，用來達到「不二」的狀態。

羅漢　即「尊者」。在佛教傳統中，羅漢被視為已經完成佛教的修行歷程，並已達成解脫或涅槃的人，因此不會再入生死輪迴。羅漢也是佛陀的其中一個稱號。

魔　Māra，在梵文裡是「謀殺」或「毀滅」的意思。在佛教神話中，「魔」也是六欲界之王，曾引誘及威脅釋迦牟尼佛，阻止他開悟。

觀世音菩薩　可說是中國佛教傳統中最重要的菩薩，是聞聲救苦的慈悲化身。觀世音可男可女，但在東亞，這位菩薩通常以女身出現。

國家圖書館出版品預行編目資料

禪門第一課 / 聖嚴法師著；薛慧儀譯. -- 二版. -- 臺北市：法鼓文化, 2025.05
面； 公分
譯自：Subtle wisdom
ISBN 978-626-7345-70-2 (平裝)

1.CST: 禪宗 2.CST: 佛教說法 3.CST: 佛教修持

226.65　　　　　　　　　　　　　114002300

禪門第一課
SUBTLE WISDOM:
Understanding Suffering, Cultivating Compassion Through Chan Buddhism

著者	聖嚴法師
譯者	薛慧儀
出版	法鼓文化
總監	釋果賢
總編輯	陳重光
編輯	林文理
封面設計	化外設計
內頁美編	小工
地址	臺北市北投區公館路186號5樓
電話	(02)2893-4646
傳真	(02)2896-0731
網址	http://www.ddc.com.tw
E-mail	market@ddc.com.tw
讀者服務專線	(02)2896-1600
初版一刷	2007年5月
二版一刷	2025年5月
建議售價	新臺幣200元
郵撥帳號	50013371
戶名	財團法人法鼓山文教基金會－法鼓文化
北美經銷處	紐約東初禪寺 Chan Meditation Center (New York, USA) Tel: (718)592-6593　E-mail: chancenter@gmail.com

Subtle Wisdom: Understanding Suffering, Cultivating Compassion Through Chan Buddhism
Copyright © 1999 Master Sheng Yen
Published by arrangement with Dharma Drum Publications, Inc.
Chinese translation copyright © 2025 by Dharma Drum Cultural and Educational Foundation－Dharma Drum CORP.
ALL RIGHTS RESERVED

本書如有缺頁、破損、裝訂錯誤，請寄回本社調換。版權所有，請勿翻印。

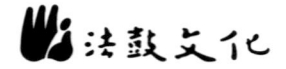